PTAでもPTAでなくてもいいんだけど、保護者と学校がこれから何をしたらいいか考えた

大塚玲子

教育開発研究所

まえがき

保護者と学校が協力する場といったら、ＰＴＡでしょ？　みんななんとなく、そう思ってきました。保護者も教職員の人たちも、それが当たり前だし、ほかに選択肢はないかのように信じてきました。

でも改めて考えてみると、いまのＰＴＡで、保護者と学校は、実際に何を協力できているんでしょうか。お手伝いと「寄付」？　協力ってそういうこと？　いやいや、協力が必要なことって、本当はほかにいくらでもあるのでは。

そもそも「保護者と学校」には、どんな関係が必要なのか。その必要な関係性を実現するためには、どうすればいいのか。ＰＴＡは何をしたらいいのか、あるいはＰＴＡ以外に、どんな場があればそれを実現できるのか。

この本では「保護者と学校」にとって本当に必要なことや、その実現の仕方につ

いて、いろんな方にお話を聞きながら、考えていきたいと思っています。

なんで私がこんなことを考えるようになったのか、と言いますと。

ライターである私がPTAの取材を始めたのは約10年前、息子が小学生のときです。以来、いち保護者の目線で、PTAや学校周りのことを執筆してきました。

はじめは「PTAで嫌な思いをする母親がいなくなるように」という一心でしたが、PTAのことを知り考えるにつれ、行き詰まりを感じるように。

そもそもPTAは何のためにあるのか。

そもそも「保護者と学校」には何が必要なのか。

その根っこの部分がわからないまま、ただ「これまでのPTA」を前提に泣く人を減らす努力をしても、意味がないかもしれない。そんな思いがふくらんでいました。

「何かヒントになる本はないかな」と思い、都内の大きな本屋さんに足を運んでみたのですが、でも見事にありませんでした。教育書の棚をいくら見ても、保護者と学校の関係を根本から考えるような本は見当たりません。

本屋さんの品ぞろえが悪いわけではなく、そもそも「そういう本」がないようなのです。

「保護者」というワードを含む本は、すべて「学校に過剰・理不尽な要求をする保護者」（モンスターペアレントと呼ばれることもある）の対策本でした。もちろん学校がそういった保護者への対応に苦慮していることは問題ですし、なんとかしないといけないとは思うのですが……。

でもさ、「保護者と学校」の関係って、そういうことだけじゃないでしょ？

悔しいやら、がっかりするやら。保護者が見下げられているようで、なんだか腹も立ちました。

もしかすると、PTAがあるからこうなっている、という面もあるのでしょうか。冒頭に書いたように、われわれはこれまで長い間「保護者と学校の関係といえばPTAでしょ」と思いこんできました。保護者も学校の先生も「PTAさえあれば、それでよし」というふうに思考停止してきたから、両者の関係をまともに考える本がないのかもしれません。

一度、全部まっさらにして、ゼロから考えてみたいのです。

PTAをどうするかということはいったん脇において、「保護者と学校」に何が必要なのか。学校を取り巻くいろんな人にお話を聞いて、イメージし直してみたい。

そんな思いから出発したのが本書であり、この本の元になった月刊誌『教職研修』での連載「保護者と学校の『これから』を探す旅」です。

なお、この旅（連載）に同伴してくれた同誌編集長の岡本さんには以下ときどき登場してもらいますので、お見知りおきを。

この本を手に取ってくださった方は、おそらく私と同じような関心をお持ちの方でしょう。何が見えてくるかわかりませんが、よろしければぜひごいっしょに、この旅におつき合いいただければ幸いです。

PTA問題のおさらい

さて、旅を始める前に、PTAの基本を簡単におさらいしておきましょう。

よく言われるように、日本のPTAは、戦後にGHQの指示のもと、文部省が全国の学校につくらせたのが始まりです。このときGHQや文部省には、米国にあるようなPTAを日本の学校にも組織することで、大人たちにも民主主義を学ばせようという意図があったと言われています。そのねらいは、決して悪いものではなかったと思うのですが。

でも、いまの日本のPTAは、そういった意を汲んだものにはなっていません。保護者も教職員も「PTAは学校の一部だ」と思っている人が多く、「別団体だ」とわかっていない。

本来は本人の意思で加入、参加する団体なのに、都市部を除く多くの学校では、保護者も教職員もいまだ本人に意思確認がないままPTA会員として扱われ、さらに会費も徴収される。活動は保護者の「義務」のように考えられています。

「保護者と学校が協力する場」と言いながら、その「協力」の中身はといえば「保護者が学校に労働力やお金を提供する（お手伝いと「寄付」）」という一方通行で、双方の関係は、とても「対等」とは言いがたいこともよくあります。

さらに、活動はいまだ母親が前提です。共働きやひとり親世帯が増え、もはや家事育児を母親の仕事とみなす世の中ではないのに、かつて多くいた専業主婦を前提としたまま、いまも平日の日中に活動しているほうが多いのです。

そのようななか、母親たちは互いに「仕事はPTAをやらない理由にならない」「休むなら代理を出せ」などとPTAへの参加を強制し合い（でもなぜか父親はスルー）、ストレスを募らせてきたのでした。

よく「PTAに参加すると先生と仲良くなれる」などともいいますが、実際に仲良くなれるのは、会長・役員さんなど一部の保護者と、管理職の先生ばかり。一般の保護者や教職員は、ほぼ蚊帳の外です（学校規模などにもよりますが）。

他方で、ＰＴＡは教職員の人たちにとっても負担となっている面があります。

新学期に「クラス役員決め」の進行を任される担任の先生は、嫌がる保護者に役を頼むつらさを感じていますし、忙しいなか広報委員の保護者から求められるアンケートへの回答や、「ＰＴＡ祭り」の手伝いのために強いられる休日出勤にも、内心困っています。

でも先生たちはそういった本音を、保護者の前ではおくびにも出しません。「いつもいろいろやっていただいて、ありがとうございます」という言葉ももちろん嘘ではなく、本心なのでしょうが、「そこまでしなくていいのに」「これ以上、教職員の仕事を増やさないで」というのもまた本音。それを口にできないところこそ、保護者と学校の関係で、最も考えるべき点じゃないのかな、と思うのですが。

管理職の先生たちも、勤務時間外にＰＴＡの会議に出たり、ＰＴＡで起きる保護者間トラブルの苦情を受けたりすることに、正直迷惑していることも。ときには役員をする保護者から「行事を増やしてくれ」といった要望を受け、心のなかで「勘弁してくれ」と叫んでいたり。でも、学校のお手伝いや「寄付」をとりまとめる立場にあるPTA役員さんからの要望を、無下に断ることもできません（なお、本書で「寄付」をカッコ付きで表記するのは、強制徴収の会費をあてているPTAがいまだに多く、本人の意思に基づく本当の寄付とは異なるからです）。

保護者からは「学校は保護者のお金や労働力に頼っているのだから、先生たちももっとPTA活動に参加するべきだ！」なんて言われますが、でも教職員だって別に、保護者の助けで個人的に得をしているわけではないのです。

もし公的な予算がちゃんと確保されて、保護者の力を借りずに学校運営できるのであれば、本当はずっとそのほうがいいのに……。

もうそろそろ、これまでのPTAのやり方は、限界だと思うのです。

会員の意思を尊重しない運営方法も、学校がPTAのお金や労働力を前提とせざるを得ないような状況も、見直しが必要でしょう。

でも、PTAという土台や枠組みをそのままに、「保護者と学校の関係」を根本から見直し、変えていくことなんて、本当に可能なのか？

これまで私は「PTAは変われる」と願って取材を続けてきました。いい方向に向かうＰＴＡも徐々に増えてはいるものの、変化のへの字も見えない旧式なＰＴＡの話もさんざん聞いています。一部の保護者がＰＴＡ改革に奮闘するもままならず、孤立して役員を退いた、といった話もよく耳にし、そのたびに申し訳ないような悲しいような、もどかしい気持ちになります。

長い間、民主的とはほど遠いやり方を続けてきた、この国のＰＴＡのあり方を根っこから変えるというのは、容易なことではなさそうです。

ただ一方で、周囲に目を向けてみると、ＰＴＡのほかにも「保護者と学校」がかかわる団体は存在することに気づきます。

最近は「地域学校協働活動」や「学校運営協議会（コミュニティ・スクール＝ＣＳ）」など、文部科学省が推進する新しい枠組みも全国に広がっていますし、地域によっては保護者や近隣住民による活動や団体、ＮＰＯなども増えています。

もしかしたらこういった場で、保護者と学校の新たな関係をつくっていくこともできるのかもしれず？

この本では以下、まだ見ぬ「保護者と学校の関係」について、いろんな形や可能性を「ああでもないこうでもない」と考えていきたいと思います。

PART 2

CSはPTAをどうしたいのか 両方いるの？ いらないの？

PART 3

「保護者の権利」という視点でみる　学校とのかかわり

PART 1

覚悟を決めた校長からみたPTA あるいは保護者と学校

PTAなしで始まった大空小
「やる人がいてへんかったら、必要ないんちゃう？」

木村泰子さん（大阪市立大空小学校初代校長）

最初にお話を聞かせてもらったのはこの方、木村泰子さんです。図々しくも以下、愛を込めて泰子さんと呼ばせてもらいます。

ちなみに私は、学校の先生たちのことも本当はみんな「さん」づけで呼びたい気がするのですが、一般には先生を「さん」づけで呼ぶと、どうも「敬意が足りない」ととられがちです。そこで無難に「先生」と呼ぶわけですが、私の敬意の分量は「先生」と呼ぶときも「さん」づけで呼ぶときも、もちろん変わりありません。

さて、私が泰子さんを知ったのは、映画「みんなの学校」（２０１５年）を観たのが最初でした。

泰子さんは２００６年に新しく生まれた、大阪市立大空小学校に初代校長として着任。教職員やサポーター（地域の人々や保護者）とともに、「すべての子どもに居場所がある学校」をつくってきました。すると大空小では、他校ではいわゆる「不登校」だった子どものほとんどが、通えるようになっていったのです。

そんな大空小の実践を伝える「みんなの学校」を観て、私はすっかり泰子さんの大ファンに。本書の一番に登場してもらうのは、本音しか口にしなさそうな、この元校長しか考えられませんでした。

さあ、一体どんなお話が出てくるのでしょうか。

（2020年2月取材）

木村　泰子
（きむら　やすこ）

大阪府生まれ。2006年4月の開校～15年3月まで、大阪市立大空小学校の初代校長を務め、「すべての子どもの学習権を保障する学校をつくる」ことに情熱を注ぐ。現在は、全国から講演会、セミナー等に呼ばれ、精力的に各地を飛び回っている。東京大学大学院教育学研究科附属バリアフリー教育開発研究センター協力研究員。著書に『「みんなの学校」が教えてくれたこと』（小学館）等。

「去年やってるから、やらなあかん」が一切ない

――大空小学校は、ＰＴＡなしでスタートしたそうですね。

学校がやっと開校するとき、ＰＴＡをする人が誰もいない状態やったんです。大きい学校が分離独立することになり、反対運動があったりして、20年間いろいろもめてきた。大空小ができる地域で、ＰＴＡの役員経験者はほとんどいなくて「ＰＴＡをしてくれる人がいない、どうしよう？」って相談が私のところに来た。

私は即答したんです。「やる人がいてへんかったら、必要ないんちゃう？　ナシでいこう」って。簡単やったんですよ。だって自分たちの任意団体やから。学校にお願いされる団体と違うから。

そうしたら、みんながキョトンとして「なくてもいいんですか？」って言うから、「なかったらあかんの？」って反対に聞いた。だって**誰も自分からやりたいって思う人がいないのに「ＰＴＡありき」でＰＴＡをつくるなんて、学びの場やなのにナンセンス**や。

「じゃあいいやん、やめよ」って、なしでスタートした1年目、（学校のやることが）どれだけスリムやったか。校長や教頭の仕事も、ＰＴＡとのつき合いでけっこ

うエネルギーと時間をとられてたことが、よくわかったんですよ。ＰＴＡの会議のために夕方残るなんてこともないし、土日に出て行かなあかんということもない。ＰＴＡの事務で教頭が何かせなあかんことも何にもない。「スリムやね、これ」って。

PTAって、なかったらなかったで何とかなるんやん、ってところからスタートしたんです。何も困らなかったんです、ＰＴＡがなくても。

校長先生のこんな本音、皆さんいままで聞いたことがあったでしょうか。私のような取材者に対しても、ここまで明確に言葉にしてくれる先生はなかなかいません。多くの校長先生は心のなかでため息をつきつつ、保護者の前では「PTAがないと学校はまわりません！」などと言うものだから、保護者はこれを真に受けるのです。そして、保護者もまたウラでため息をつきながら、先生の「仕事」を増やしてしまうというこの負のループ……。

そうしてる間に、秋ぐらいだったか、ひとりの母ちゃんが、「先生、子どもらのために何かやりたいねんけど、私らやっていいかな？」って、私のところへ言いに来たんです。「何で私に聞くの？」って聞いたら「校長やから」って言う。

でも、**子どものために保護者がやりたいっていうことを、校長の許可をもらう必要ないんちゃう？**って。一見、学校をたててるように思うかわかれへんけど、よう考えたら「うまいこといったらいいけど、うまいこといけへんかったら、校長先生が『うん』って言ったから」って責任転嫁の安心を持つだけちゃうか。それは要らんのんちゃう？って言ったら、「えっ？　なんちゅうこと言うねん」みたいになって。

あくまでも、自分たちがやりたい、じゃあやればいい。自由の裏には、必ず責任が伴うわけですよ。でも、うまくいけへんかったときにはすぐおいで、みんなで「よっしゃ」って行くからって。

だから、やることの「おうかがいを立てる」んじゃなくて、自分たちがやり始めて困ったら、いくらでも私らの力を活用してくれたらいい、でも**考えて決めて行動するのは**、自分たちやんかって伝えました。

ああ、われわれ保護者が意識できていない、激しく重要な点です。われわれはいちおう礼儀正しく各所に「おうかがいを立てる」のですが、それは実は「結果がどうあれ自分たちに責任はない」と言えるようにするための布石だったりもするわけです。無意識ながら。やはり学校で活動する以上、校長に黙って始めるわけにもいかないでしょうが、本当は「おうかがいを立てる」のではなく、「こういうことをやろうと思っている」と情報共有あるいは相談をする、という心がまえで話をするのが、あるべき関係性なのかもしれません。

じゃあどんな形で（活動を）やったらいいかな、という話になって、「プロジェクト制」をとったんです。

一番最初のは、夏休みの学校でのお泊まり会。防災キャンプを兼ねてやりたいって言うから、「おもしろいやん、もう存分にプランニングしい」とか言って。それで「サマーキャンプをやろうと思う、言い出しべえ（言い出しっぺ）は誰々、このプロジェクトに参加する人、この指止まれ」ってその人が文書書いて、私らが印刷して子どもたちに持って帰らせて。そうしたら、小さい学校やから180人ぐらいしか配れへんかったのに、10人ぐらい集まったんちゃうかな。

集まってそのプランを立てんのが、ものすごい楽しいねんて。学校の1階にコミュニティルームって部屋があって、そこで持ってきたお菓子を食べながら、みんなでばーっとアイデアを練るんです。子どもらもそこにいて「何やるん？　何やるん？」とか言うて。これ大成功したんですよ。父ちゃんたちが花火したりお化けになったり、カレーつくったり、いろんなことして。

バザーもやってました。子どもはいっぱいモノ持ってるでしょ、自分のお年玉で買ったもんとか、要らんようになったら放ってあるやないですか。それをバザーで子どもたちが出店して。プラモデル5円とか10円とか、大事なもんやったら100円とかね。私も孫にいっぱい買って帰った。

もうおもしろいですよ、遠足のシートを1枚敷いて、そこに物置いて「いらっしゃい、いらっしゃい」とか言ってね。売り上げの1割は、場所代としてプロジェクトに払えっていうルール。まさにキャリア教育ですよね。

やりたいとか必要やと思ったら、どんどん何か生まれていくんですよ。そういうのがなくって、誰かがやろうと言えへんかったら、もうやらないんです。「去年やってるから、やらなあかん」というのが一切ない。やりたい人がいなくて、子どもが「あれおもしろかったのに、やりたいわ」って声出したら、「誰かする？」とか言って親が動く。そんな感じでスタートしました。

——いいですね。保護者の活動って本当はみんなそんなふうに始まるんでしょうね。

そのうち地域の人もそこに入って「手伝うわ」ってなって、Ｐ（親）と地域の人も、年齢全然違っても、何かつながってきて。

で、つながると必ず意見の対立が起こるんです。それが嫌やからみんな離れていくねんけど、これって子どもといっしょやん。対立が起きたら話すればいい。話すればわかり合えるよって言いながら、そのつながりはできていって。

継続的な組織にする？　しない？

2年目の終わり頃に、最初の言い出しべえの母ちゃんが、「先生、これ、やりたい人がやろうってやってる間はいいけど、卒業したら消えていくやろ」って言ってきた。ただ、よそのPTAという組織はもう限界が来てる、っていうわけですよね。幼稚園なんかでも役員さんがいてて、会員はお金も出さなあかんし、一生懸命やっても、うまいこといけへんかったら文句言われて、限界やと思うねん、って。だから**「子どものためにこれをしなければならない」**ではなく、**「自分たちのできることとは何かっていうのを考える組織」**をつくろうってことになったんです。

この組織が「SEA」(Supporter Educator Associationの略)です。PTAではなくてSEA(読み方は「シー」)。Sはサポーターのsです。PTAのPはペアレント、親だけでしょ。でも子どもを育てるのは親だけ違うで。地域住民も、いろんな大人が大空の子どもを育ててる。真ん中の「E」はエデュケーター（教育者）のE。PTAのTは先生でしょう。これも、教えんのは先生だけちゃうからな。

――SEAって新鮮で、やってみたくなりますね。ただ「継続」を目的に組織化すると、やりたい人がいないとき、誰かに強制することになりがちじゃないですか？

だからこの組織は、あくまでも「できるときに、できる人が、無理なく楽しく」。こんな合言葉なんですよ。

（通学希望者が多くて）よそからいっぱい引っ越してくる学校やから、「幼稚園でPTAの会長してました」みたいな母ちゃんが来て、「絶対、活動に来ないとあかん」とか「みんながやらなあかん」とか言うわけですよ。世間（のPTAのやり方）を持ってくる。そのたびにやっぱり、ざわつくんです。

でも、親だけちゃうから。SEAには、**地域でずっとかかわってる人たちがいる。そういう人たちがアドバイスしますね。**「それやったら（無理やりやらせるなら）、ぶっ壊してやる」とか、意地悪なことよく言いましたけど。あくまでもPTAってボランティアですよ。ボランティアの精神は「できるときに、できる人が、無理なく楽しく」。

――本当の「ボランティア」を心得た人がかかわり続けてくれているなら、安心で

すね。それが「みんながやらなあかん」のタイプの方だと悲惨ですけれど。
代わりに見返りを求めない。そうすればウィン・ウィンの関係です。これがギブ・アンド・テイク（見返りを求める）になるから、みんなが困るんです。
組織と組織はすべて対等なんです。学校と地域の関係もウィン・ウィン、SEAと学校の関係もウィン・ウィン。ギブ・アンド・テイクは、上と下があるんです。「お願いします」「してあげましたよ」「ありがとう」でしょう。

――学校とPTAは、よく上下の関係になっていると感じます。

それは過去を引きずってるからです。スマホのない時代を引きずってる。いま、こんな多様な時代になってるのに、PTAは昔と全く変わらずやろうとしてるところに、そもそも無理があるでしょう。思いませんか？

PTAというネーミングは変えるべきですね。過去を引きずり過ぎてる。PTAっていう名前を使いながら新たに改革しようとか、子どものためのPTAをつくろうなんて、大空では無理やってん。オールジャパンのPTAやなくて、大空のSEAみたいに自分たちがそれぞれ独自のものをつくっていると、大事にし始めるでしょ。

この考えも深くうなずきます。もし「PTA」のまま、いま抱えているさまざまな問題を改善できるならそうすればいいですが、それこそ過去に引きずられて変えられない例を、取材していると泣けるほど見かけます。「PTA＝やりたくない人にやらせるもの」というイメージが定着しきった現状を考えれば、名前から変えたほうがいいような？　オリジナルな名前ほど、愛着も湧きそうです。

学校から頼むことは何もない

――大空のSEAには、会長や書記などの役員も存在するんですか？

SEAのメンバーは、役員っていう制度を「リーダー制」にしはったんです。「リーダーになりたい人？」って募って、自己申告でなる。

そのなかで「会長ってネーミングがSEAにぴったりけえへんねん、どんな名前つけたらええかな」って相談が来たんです。「なんで私らに相談すんの？　あんたら相談する相手、私らちゃうやろ」って言うたら、「子どもに聞くわ」って。

それで「俺、リーダーやるで」っていうひとりの父ちゃんが、毎朝仕事に行く前に学校の玄関に立って、「おはよう、あんな俺な、SEAのリーダーになりたいねんけど、会長いう名前は嫌やねん。なんかええ名前ないか」とか1週間ぐらい聞いとったんちゃうかな。そうしたら子どもらが「キャプテンがいい」って。

——かっこいい。キャプテン、私もやってみたいです。

かっこいいでしょう。だから、「次のキャプテン誰やる？」っていうと、「なりたい」って出てくるから、（誰かに後任を）頼んだことないみたいやで。

それに、**やらなあかん仕事、全然ないから。**やりたいことだけやっていく。学校から頼むことなんか何もないもん。

——ほんとうに何にもないんですか？

何かあるか？　学校からＰＴＡに何頼む？

——えっと、卒業式や運動会のときの、来賓へのお茶出しとか……。

お茶出さんといたらええねん。

爆笑したかったのですが、このときの泰子さんは超真顔……。いや、たしかにそうなのです。ＰＴＡで母親たちが拒否すれば「やらなあかん仕事はない」のです。ただ実際のところ、保護者、母親たちのお茶出しを当然のように期待している校長先生（たぶん多数派）を前に、「今年はお茶を出さん」と伝えるのはかなりむ

ずかしいこと。ですから、校長のほうから「お茶出しはいらん」と言ってくれたらいいなと思うのですが……。

——そうすると、活動はどんなことをするんですか？

それは、その学校が必要なプロジェクトを立ち上げたらいい。前年度は必要やったけど、今年度は必要じゃないものもある。**ＰＴＡの一番悪しき文化は「去年やってたからやらなあかん」**、これです。

ＰＴＡの目的は「大人が学ぶ」ということです。そもそもＰＴＡの組織って「子どものために」って言うてるけど、文句出てるじゃないですか。ＰＴＡなくしたらいいとか、なくしたらあかんとかいう議論をしてる。ということは、「子どものため」っていうお題目は、もう通用しないということです。じゃあＰＴＡを存続する意味って何やねんっていうのは、学校は「人が人と学ぶ場やで」って。「学ぶ場に必要なものは何やろ」って考えたら、楽しい場が生まれてくるんちゃう？

ＰＴＡが必要か必要じゃないかという議論はナンセンス。文句を言って継続するんであれば、継続する必要がない。いまの時代の学校のＰＴＡの役割ってなんやろう？　そもそもＰＴＡ要るか？って。これははっきり言うて、要りません。そう言うたらあかんのかな。でも過去の悪しき慣習を引きずったPTAは、要らんのです。**今、学校にとって必要な保護者の仕事は何やろうな**って、そこから考え始めたらいいんちゃう？

これまた核心に迫る言葉です。過去を引きずったPTAはもう要らない、というのに心底同意です。私はPTAの最大目的が「大人の学び」とは限らないと思うのですが、泰子さんの言うとおり「今必要な、保護者ができること」を考え、そこからスタートすることこそ、何より必要だと感じます。

PTAを批判すんのと違う。事実と批判は大違い。いまの日本社会って、事実が言えない大人が山ほど増えてるんです。あったのに「ない」って言うわけですよ。「あったやろ」って言ったら、事実やのに批判にとられるわけですよ。こんなおかしいことを子どもに見せてるわけです。事実を語る大人、もっと増えなあかんのちゃう？

いまのPTAはこういう現状があるという事実を発信して、**もう一回必要なものを生み出そう、つくり出そう**って。これが一番必要なんちゃうかなと思います。絶対できるから。

――できたらいいなと、思うんですけれど。

うん。絶対できる。やったら楽しいし。

何回もぶれるんですよ。大空もそうでした。SEAだって言いながらも、PTAに戻るんです。何回もぶれんねんけど、でもその時に気づいた人が、「やり直しよう、巻き戻ししよう」って。ひとりでもそのことを発信できるチームができてたら大丈夫ですよ。そういう人を排除する組織では、困ってる子は全部排除されます。

いまのPTAは、誰かがそういうこと言えば、全部排除してるでしょう。でも「今、ちょっとぶれてるよ。もう1回みんなで巻き戻ししよう」って、こういう言葉を発信できる人間と、そこに気づいて学び直しをする大人の両者が生まれてたら、「困ってる子が困らない学校」が確実にできる。だって、**誰のせいにもせえへん。自分の学校を、自分がつくるねんもん。自分のもんやもん、悪い学校つくったら悔しいじゃないですか。**

大空の子どもたちは、自分の学校、自分でつくってるから、ものすごい大事にしますよ。平気で「校長、ぶれてる」って言いますよ。言われたら納得します。言われるたびに「この子、自分の学校つくってるねん。幸せなことや」と思います。

現状を維持したいとか、過去を守りたいとか、自分の位置を守りたいとか、目的がぶれたときって、事実を語ることをものすごく否定するじゃないですか。そういう人たちがいるのがいまの日本社会やから、そこで壁にぶつかるのは当たり前やし、落ち込んでても仕方がない。

「誰のせいにもしない」「自分の学校を自分でつくる」。われわれ保護者には耳が痛いところもありますが、よくよく考えるべきことです。「だからPTAは全員必ずやれ」ということではないのです。学校だろうとPTAだろうと、どんな組織だろうと「自分がそれをつくっている」という意識をもつ人たちがそこにいたら、そうおかしな話にはならない、ということでしょう。

困ってる子が困らなくなる大人のかかわり

――大空小では「保護者」という呼び方を使わないそうですね。地域の人も保護者も「サポーター」と呼ぶ。これはなぜですか？

保護者が守るのは、自分の子どもだけでしょ。でも自分の子どもを見るのは家だけでいいねん。学校の門を一歩入ったら、自分の子どものまわりにいるすべての子どもを育てる、これが「サポーター」。大人、保護者、全部サポーター。

保護者、サポーターの力は、学校に要るんです。それは自分の子どもじゃなく、困ってる子が困らなくなる、そんな学校をつくるため。

他の子を育てるっていうても、実際どうしたらいいかわからへんやん。だから、とにかく学校に来て、でも自分の子どもは見ない。自分の子どものまわりで「今日、誰、困ってるかな」と、困ってる子を探しにみんな来ます。困ってる子の横にそっと何回かいて、顔と名前が一致してきたら、子どもは「こんなことで困ってる、助けてよ」とか言いますから。それがいま、これから必要なサポーターです。

たとえば「うちの子は、あの子にいじめられんねん、何とかしたいねん」というんやったら、いじめてる相手の子を育てたらええんですよ。いじめられてる子どもの母ちゃんが、いじめてるやつを育てたらいい。いま、いじめてる子を排除しようとしてるでしょ。排除されるこの子は、大人を信じひんし、もっとややこしくなるじゃないですか。

たとえばおもしろかったのは、前のとこから学校かわってきた母ちゃん、大空に来て、自分の子がいじめられてんねんって。そのとき、まったく違うところから来た女の子がたまたまいっしょのクラスになったんです。この子は親に虐待されてる子やから、大人を誰も信用してない。親が大事にしてるような子は気に入らんから、いじめるような行為をするわけです。

その「いじめられている」と思っている子の親は、頼りになりそうなサポーターの家に行って、「あの子は問題児や、うちの子をいじめてる。他の子もいじめるで。あんな子がおったらあかんから、学年集会開いてあの子のことを問題にしよう」って言うわけです。

ほんなら大空のサポーターは「そんな言わんで、あんたも学校行って、その子の横におり」とか言うわけです。そこで「この親には頼んでも通じひん」と、また次の親のとこ行く。そこもまた通じひんから、また次の親のとこ行く。

3、4人まわっていくと、そのうち言われた親たちがつながるんです。「次、どこどこに行くやろ。あんた止めや」って。言うても止まれへんってなったとき、最後の手段は「校長室へ放り込もう」ってなるわけです。「後は校長、頼むで」って連絡が来る。ほな「よっしゃ、わかった」って。

その母ちゃんが校長室に来るわけ。「いらっしゃい。あんた自分の子、育ってほしいんやろ」とかいう話をして、その母ちゃんは何となく気づいていく。

親を変えるのは、校長や学校じゃないんです。親同士なんです。子どもは子ども同士。教職員は教職員同士。ここの自浄作用が育てば住みやすい社会になるじゃないですか。

親が学校のせいにする。先生が子どもや親のせいにする。すべて人のせいにしてるわけですよ。人のせいにしてる間、**子どもは絶対救われません**からね。だからみんな、主体は自分なんです。

考えさせられる話です。一点どうしてもひっかかるのは、母ちゃんも父ちゃんも同等に働くのがスタンダードないまの時代、わが子のこととはいえ、そこまでいじめ（る子）にかかわる余裕がある保護者は少ないのでは……。でも、「もし保護者にそういった余裕がある」ことを前提にするなら、こういったかかわり方は理想だとは思います。学校で起きたいじめ、あるいはいじめる子が抱える問題に、この社会を構成する大人のひとりとして向き合うことは、保護者に限らず、すべての大人に必要なことでしょう。

――大空小では、保護者を含めサポーターがいつでも学校のなかに入れるんですね。

学校が「参観日以外は誰も入れない」みたいなことをしている究極の目的は、文句を言われたくないからなんです。誰に文句言われるって、親と地域。いちばんは親です。

大空も、最初は参観日があったんです。「みんなで学校はつくるもんやで。あんたら自分でつくんねんで、私らも自分でつくるから。新しいタイプの学校をつくろ」なんてスタートしてんねんけど、私らやっぱり過去のしがらみを引きずってるわけですよ。それで、当たり前のように1ヵ月に1回の参観日をやっていた。

それがあるとき、子どもらに「参観日ってどんなふうに思ってる？」って言うたら、3年生の子が「おかしいで、なんで参観日だけ見せるの」って。そのとおりでしょう。私ら、それが当たり前やってん。でもなるほど、見せてるんですよ。「どういうとこで、あんたらそう思うん？」って言ったら、すぐ3つのこと言いやった。1つ目は「服着替える」。先生はいつも普段着やのに、参観日だけ服を着替える。2つ目は、「いつも貼らへんもんを黒板に貼る」。参観日って、とってつけたええ授業するやん。3つ目は「普段言えへんことを先生が言う」。たとえば、って言うたら「まだ意見を言ってない人はいない？」とか言うねんて。いつもは意見言うてようが言うてまいが「はい、終わり」って終わるくせに、「まだ意見を言ってない人はいない？」って先生言うやろって。

——たしかに（笑）、そう言われてみたらそうです……。

私、この3つ実践してたから。だって、親が見に来てて1回も意見言わんと帰ったら、親、悲しいやろうなって。帰って怒られたらかわいそうやな、と思うから「ごめん、まだ手あげてへん人？　まだ当たってへん人いたんちゃう？」って、私も必ず参観日に言うてたから、見事にそれを言われて。

その日子どもが帰った後、職員室で「今日、こんなん言われた」って職員と雑談タイム。みんな「たしかに。参観は見せる。じゃあどうしよう？　参観日やめよ」って言って、その日に参観日やめるんです。

それから「子どもにこんなん言われて参観日やめたから、自分の意思で来れるときに学校に来て。**学校は見に来んのと違って、つくりに来るんや**」ってことをスクールレターに書いて、ばーっと回覧板で発信しました。

スクールレターは何のため

——スクールレターってどんなものですか？

1ヵ月に1回私が書く、学校通信です。スクールレター以外の発信はしません。「保護者集会」とかただの一度もやったことない。だって一部の人しか来ない。あれはだめ。

教育委員会は「保護者集会をやれ」「説明責任を果たせ」って何度も言う。私は大間違いやと思ってる。説明責任は文書で。文書はみんなが読む。読んで理解できひんかったら、直接声が届くでしょ。

（スクールレターは）9年間包み隠さず、いいことは一切発信しなかったんです。失敗したこととか、困ってることを、全部発信した。だから、学校に来る目的がいっぱいあるんです。

――たしかに、いいことだけ書いてあったら安心して、学校に行こうと思いません。

こんなことがあった。子どもが顔あざだらけで学校来て、親にも私らにも「電信柱に自転車でぶつかった」って言うから「気いつけや」って言うてたけど、違う学校の子に違う地域でぼこぼこに殴られてたんです。でも「親や学校に言うたらもっとやるぞ」って脅されて、よう言わんかった。

それを地域の人がたまたま見てて、学校にすぐ言いに来てくれたんですよね。「それは子どもが悪いんちゃうやんな、殴られた子どもに信頼してもらえない私らが変わらなあかんのちゃうかな」って話をスクールレターで発信して。もちろん名前は一切出せへんけど。

そういうスクールレターを、地域の回覧板でまわしてた。読んでもらわれへんかったらあかんから、大空のスクールレターだけブルーの紙。ほかはわら半紙やから、ブルー、ぱっと見えるでしょう。会社の社長さんなんかも読んでくれて、学校へ来て「なんかやれることないか」って、つながっていきました。

でも私、書きたいことなかったらよう書かんねん。言葉も出てきません。なんか書きたいことあるときはばーっと書いて「はよ回しや」とかって出すねんけど。「書かなあかんから書く」っていうのは絶対やめようと思ってるんです。

そうしたら一度、その社長さんが学校へ来はって「うちは保護者ちゃうから、どうもスルーされてるみたいや（届かない）」って言いに来はりまして。先生たちが平謝りに謝って「違うんです！　校長が書いてないだけ」って。でもありがたいでしょう、そうやって読んでくれてる。

――相当楽しみにしてくれていたんですね（笑）。

この社長さん、高級家具の会社なんですけど、ここの人たちが夏休みにボランティアで来て「親子のものづくり教室」をやってくれて。「学校に、いま必要なの何？」って言うから、「職員室のここに戸棚が欲しい」って言ったら戸棚をつくってきてくれた。そういうスクールレターだけでつながった人たちが、ずーっと自分の意志でつながっていてくれると、ウィン・ウィンの関係なんですよね。

「文句を意見に変えて」自分の学校をつくる

――保護者、サポーターには「文句でなく、意見を」と伝えていたそうですね。

自分の学校つくるのに文句言うてたら、話になれへんでしょ。

でも、文句は社会を変える原動力なんです。だって「おかしいやんか」と思うことっていっぱいあるじゃないですか。私ら毎日生きてて、テレビ見てるだけでも「よくあんなことが通るな」みたいに思うこと、いっぱいあるじゃないですか。

それを文句として言うから、対立が生まれるわけです。でも、これを意見に変えて発信する。大空は6年になったら「文句を意見に変える力」を全員が身につけますから、「大人の私らも、文句を意見に変えような」って。「文句は誰ひとり幸せになれへんやろ、落書きといっしょやで。でも文句は社会を変える原動力やから、**文句を意見に変えて、自分の学校をつくり**」って、これを入学式で言います。

だから「文句は言われへん」と親は思うてる。でも文句を意見に変えたら、どんどん学校を変えられるわけです。自分の学校やから。だって**自分のものに文句言ったって始まらんでしょう。人のせいにしてるから文句って言えるけど。**

だから人のせいにしないっていうのはいまの教育現場に一番必要なことですよね。

そもそも「子どもを人質にとられてるから親はあんまり文句言えない、何か言うとモンスターに思われる」って言うけど、その時点で学校が上で保護者が下でしょう。「預けます、お願いします」、そんな預けられて責任持って仕事できる学校なんていまどこもありませんよ。でも違うんですよ。学校は「**つくるもの**」なんです。

――たしかに「**自分で学校をつくる**」という意識があれば自然と「文句でなく意見」を言うし、「**モンペ」と呼ばれても意見は言わねばと思うかもしれません。**

学校には、すべての子が育っている事実があればいいんです。

ひとりの子どもが学校に来れていない、家で苦しんでる。それがありながらPTAがただあるって、何のためのPTAや。「子どものため」って言いながら、平気で「子ども来れてへん」って。「子どものため」っていう言葉は、困ってる子が困らなくなったら、その子の回りの子どもはみんな困れへんから。それが「すべての子ども」なんです。子どもっていう言葉に、多くの大人はごまかしをしてる。

ＰＴＡで「あそこの子ども来れてへんねんけど、どうしたらあの子来れるようになるかな、私ら何したらええかな」ってしゃべってるか？　そうでなく「あの先生、宿題いっこも出せへんねん、言いに行こう」とか、「あそこの子暴れるから、やっぱり障害あんのちゃうの？　放り出してもらおう、私ら校長室に言いに行こう」っていうのは、それはおかしいよ、って。そこを事実として、きちっと発信する言葉は必要やと思います。それ文句ちゃうから、事実やから。

取材の終盤、泰子さんは現状の保護者、ＰＴＡへのもどかしさを口にしました。ＰＴＡというものが存在するなら「すべての子どものため」を考えるものであってほしいし、いじめをする子、暴れる子を含め、困っている子どもたちが困らなくなるように、保護者もいっしょに考えてほしい。逆に、困った子どもを排除するようなＰＴＡなら、むしろないほうがいい。そんな思いがあるのでしょう。

　ＰＴＡに限った話ではなさそうです。大人が「すべての子ども」――当然そこには「困っている子ども」も含まれる――のことを、どれだけ考えられるのか。われわれみんなが問われているのでした。

保護者を待ち続けた校長の覚悟

「ＰＴＡを変えたい」が出るまで対話した理由

住田昌治さん（学校法人湘南学園学園長／元横浜市立小学校長）

これまで私は、主に会長や役員さんなどの保護者に、ＰＴＡ改革の取材をたくさんしてきました。このときよく感じていたのが「変われたＰＴＡの傍らには、ほぼ間違いなく〝覚悟を決めた校長〟がいる」ということです。

逆にＰＴＡ改革が進まないのだって、校長が原因のことはよくあります。「自動加入をやめて、保護者や教職員に加入意思確認をしよう」なんていう、ある意味当たり前な話でも、校長同士の横並び圧力に抗うことや、学校が使えるお金が減ることなどを怖れて、反対してくる校長は少なからずいるのです。

それを考えると、ＰＴＡ改革を邪魔しない校長先生はえらいな、と感じます。もしかしたら、保護者には見えないところで、苦労していたりするのでしょうか。

校長先生の側から見たＰＴＡ改革って、どんなものなのか？　誰かにお話を聞かせてもらえたらうれしいなと思っていたところ、紹介してもらったのが住田昌治先生（当時は横浜市立日枝小学校校長）でした。住田先生は「元気な教職員」をつくることで「元気な学校」をつくった校長です。

住田先生が初めて校長として着任した横浜市立永田台小学校のＰＴＡは、強制参加をやめ、加入についても会員の意思確認をする形に改めたといいます。保護者たちはそれをどう実現し、住田先生はそれをどんなふうに支えてきたのでしょうか。

さっそく聞かせてもらいましょう。

（２０２０年８月取材）

住田　昌治

（すみた　まさはる）

学校法人湘南学園学園長。2010～2021年度横浜市立小学校校長。2022年度より現職。国立教育政策研究所「教職員スペースの在り方に関する調査研究委員」「青森県教育改革有識者会議特別委員」「日本持続発展教育（ESD）推進フォーラム理事」「神奈川県ユネスコスクールネットワーク（KAN）会長」横浜市・所沢市ESD協議会委員ほか。著書に『カラフルな学校づくり』（学文社）、『校長先生、幸せですか？』（教育開発研究所）等。

時間をかけて保護者の考えをほぐした

――ＰＴＡのこと、住田先生はどんなふうに見ていましたか？

教員時代は、私も非常に助けられました。でも本当に役員さんが大変で、なり手がいなくて苦労している。だから「何のためにＰＴＡってあるのかな？」ということは、ずっと思っていました。

ただ恐らく、学校の先生たちも保護者の方々も、あんまりそういうこと（何のためか）は考えていないんですよね。もう「当然あるものだ」と思っている。学校にくっついているような感じなので、**一体どこが主体でやっているのか、よくわからない。**

子どもが入学したら、保護者は何となくＰＴＡに入っちゃっているし、ＰＴＡ会費も当然のように集められて、引き落とされている。なので「学校がやっているような感じ」が、やっぱりすると思うんですよね。

これを「自分たちが思うように変えていこう」というふうには、なかなか（保護者も先生も）お互いにならなかったんだろう、ということはすごく思っていて。こういった状況には最近いろいろと異論も出てきて、議論する場ができてきたのかなと思うんですけれど。

先生も保護者も「どこが主体でやっているのかよくわからない」。ああ、たしかにそうです。保護者と同様に、ＰＴＡを負担に感じている教職員も少なくないことはわかっていましたが、保護者がなんとなく「学校がやっている」と思っているのとパラレルに、先生たちもなんとなく「保護者がやっている」と思っている、という点は意識しておらず、聞いてハッとしました。本当にナゾの状態です。

――そんな疑問を抱きつつ、校長先生として永田台小に着任したのですね。ＰＴＡにはすぐに何か働きかけを？

いえ、校長になったときはまず初めに、ＰＴＡ（保護者）の方々はいったいどういうことを考えているのか聞きたかったので、役員さんたちとランチミーティングを始めました。委員さんはだいたい毎年交替するので、数年やる方が多い本部役員さんの話をまず聞いたほうがいいかなと。

そうやってお話を聞いたり、学校のことを相談したりしていくなかで、だんだんと「学校の働き方改革」ということが言われるようになってきて。そのときに役員さん、委員さんたちも「私たちもＰＴＡの働き方改革がしたい」って言い始めたんです。

ＰＴＡは仕事じゃないので「働き方改革」というとおかしいんですけれど、「**いままでやってきていることを全然変えられない」という点はＰＴＡも同じだ**と言うんですね。変えるとなると、いろんな先輩方にも相談しなきゃいけなかったりして、えらい大変だと言うんです。すごくエネルギーが要る。

委員さんも、仕事の有給休暇をとったりしながらＰＴＡ活動に参加している人がいて、いざ子どもが病気になったときに休めない、みたいなこともある。これはおかしいよね、本末転倒じゃないか、という話がだんだん出てきました。

「じゃあ、それ（ＰＴＡの改革）やったら？」って私が言うと、「いやいや先生、それはちょっと私たちには……」と言う。でも思っているときにやらないと何も動かないよ、ということでやり始めた。それが、私が永田台小にいた最後の２、３年頃の話です。

――住田先生は「変えたい」と言い出す保護者が出てくるのを、内心ずっと待っていたんでしょうか？

そうですね、基本的に私には「自分の考えで人を何とか変えよう」という考えはないんですよ。だけど、変わろうとしている人たちを応援したいと思っている。「変えよう、変えよう」って（私が）言うと、こちらの意図で「変えさせられた」と思っちゃうから、それはそれであまりよくないですよね。

だからPTA活動においても、会長さんや役員さんたちとランチミーティングで情報交換をしたりするなかで、おそらくだんだんと私の考えていることが浸透していくじゃないですか。**「別に無理してやらなくてもいいんですよ」とか「いや、それはチャレンジしましょうよ」**みたいな話を常々していると、**「学校がそういうふうに思っているんだったら、やってみようかな」って思う人が出てきます**よね。

（保護者が）そういう気持ちになるためにどうやって仕掛けるか、どう気持ちをほぐしていくか、ということは当然ありますけれど、それにはある程度時間もかかる。そこでランチミーティングっていうのは、すごく意味があるんです。お酒を飲むというより、いっしょにものを食べる。そうすると「まじめな話を気楽にする」ことができるんです。

飲んじゃうと「気楽な話を、気楽にする」場にはなるけれど、まじめな話はしづらい。運営委員会みたいな場は「まじめな話を、まじめにする」しかないじゃないですか。どちらでもない、「気楽に、まじめな話をする」場づくりっていうのは、教職員とも、PTA（保護者）ともやっていく必要性をすごく感じています。

PTA改革は保護者が自ら言い出した形ですが、実はその手前で、住田先生がさりげなく、でもだいぶ意図的に地ならしをしていたわけです。命令・強制するわけでなく、相手が自ら動くようにするとは、さすが。ふだん私は取材で、保護者のPTA改革を阻む校長先生のお話を聞くことが多いので、住田先生のような校長もいることを知って、ちょっと胸が熱くなりました。

「強制するものではない」を基本に

――PTAを変えようという保護者の動きが出てきてから、どうなったんですか？

まず「何のために（PTAを）やっているのか」ということは、すごく突き詰めて皆さん議論をしていたんですね。結局「すべては子どもたちの笑顔のためだよね」という話になり、そこをテーマとして改革していこう、ということになったんです。

そこで一つ確認されたのは、「**強制されたら楽しくないよね**」ということです。「やらなければならない」っていうものは、やっていたって楽しくない。いままでのやり方でやります、という人ももちろんいるので、それは否定しないんだけれど、ただやっぱり強制するものではない、ということ。

あとは**「やれる人とやれない人が当然いる」ということを、お互いに認め合うこと**も必要ですよね。だからたとえば「ＰＴＡに入ったら、必ず何かやらなきゃいけない」というような縛りもなくしたほうがいいし、**そもそも任意の団体なので「入るかどうか」というのも、きちんと意思確認をしなければいけない。**

いままでも（意思確認を）やっていることにはなっているんですよね。入学式などのとき、会長さんが「ぜひご協力ください」とＰＴＡの案内をして、そこで「いや、やりたくないです」という人がいれば問題になるんだけど、だいたいそういうことがないので、そこである程度、意思確認したということになっている。でも体育館に閉じ込められて役員決めをしたりして、それはある面ちょっと騙されたと言うと言い過ぎかもしれないけど、そんな話を聞くこともあります。

そうそう、本当にそうなのです。強制されたら楽しくないし、やれる人とやれない人が認め合うことも加入意思確認も、最低限必要なことでしょう。でもまだ現実は、有無を言わさぬ役員決めや、詐欺じゃないのかと思うような「なんちゃっ

て意思確認」の話もよく聞きます。そして多くの校長は、このような現状をスルーしています。

当時の会長さんは、本当に勇気があったと思うんです。それ（加入意思確認）をやって、もし半分しか入らないとか、ほとんど入らないという状況になったらどうしよう、ってすごく心配されていて。

だけど「子どもたちの笑顔のために」という目的をもって、みんなで本気でやっていこう、ということを当時の役員の皆さんにはすごく伝えて。役員さんたちは、ＰＴＡ活動の具体的な内容や魅力をアナウンスしたりして、結果的に97％くらいの参加（加入）率だったんです。そこは、本当にエネルギーが要ったと思います。

どうしても入りたくないという方も当然いて、それはそれでいいですよ。ただそのとき、**入らないからといって子どもに不利益がないようにしましょう**、子どもの扱いを同じにしましょう、ということも当然共有しました。

ありがたいことです。ＰＴＡに入らない・やめると言うと、「それなら子どもを○○に入れてあげません」などと、脅しのように言われる話は、いまだによく聞きます。でも、こうして校長先生が「そういうことはナシね」と言ってくれれば、保護者同士で揉めることも、子どもがいやな思いをすることも、かなり防げます。

手あげ方式にしたら参加者が増えた

――さらに、活動の強制もやめたそうですね。

そうです。委員制度だったのを、手あげ方式にして大人の部活動みたいな感じにしました。要するに、**年間を通してやらなくてもよい**。「こういうのがありますがどうですか、みんなで楽しくワイワイやりましょう」という、**ボランティア制みたいなもの**にしている。それは学校にとっても、すごくありがたいことです。

活動内容は、たとえば「畑をつくって芋掘りをしましょう」「みんなでイベントをやりましょう」「花壇をみんなで整備しましょう」とか。そこに子どもも参加したりして。

「うさポーター部」というのもあって、これは学校で飼っているウサギの長期休み中の世話を、手をあげたご家庭の持ち回りでやりましょうという部です。「家でウサギを飼うのはむずかしいけれど、ちょっとお世話してみたい」という人がいたりして、先生たちの負担も減るし、子どもたちが夏休み中にひとりで登校することもなくなって、いいですよね。

そんなふうに**（保護者と先生と）お互いにとっていい内容**がどんどん出てきて、それが結果的に「働き方改革」にもつながり、大人も子どももわくわく楽しく参加できる。そういうものに、だんだん変わっていったんです。

結果的に7割ぐらいの方の参加があったので、委員制度でやっていたときよりPTA活動に参加する保護者が増えたんです。ですから**「本当は義務でやらされるものではなかったものを強いていたこと」が、保護者の学校離れや、PTA役員の押しつけということにつながっていった**んだろうな、ということがわかりました。

もしそういった「夏休み中の動物の世話」や「花壇整備」を、従来型のPTAが引き受けていたら、おそらく強制となり、保護者はいやいや参加していたかもしれず。でも「強制しない」が本当に根づいたPTAで、希望者のみがそれをやるのであれば、学校も保護者もこんなにハッピーになり得るのです。すごいことではないですか。

——PTA改革をやって、周囲の学校やPTAの反応はどうでしたか？

そこはあまり言うと弊害があるけれど、まわりの学校からは冷たい目で見られましたね。（うちが）そういうことをやると、（まわりの学校も）「うちの学校でもそうしてほしい」と、当然なりますから。**みんな「当然入るものだ」と思っているところで「入らなくても大丈夫だ」なんて言われるのは困る、みたいなことはありました。**

悪いことをやっているわけじゃないんだけれど、やっぱり「横並びで、足並みをそろえて」というのが日本の教育のあり方で、学校もPTAもそうだったので、「いままでやってきたことを、なんで変えるのか」ということに関しては、非常に否定的な目がありました。

会長さんはけっこうつらかったんだと思います、よく相談に来られたんですけれど、そういうときは「**いまやっていることは、10年後には当たり前になる。いずれ今日という日が記念日になるから**」って言って励ましていたんですけどね。

「まわりの学校からの冷たい目」、やはりあったのでした。きっと住田先生も、よその校長から嫌味を言われたりしながらも、会長さんの苦労に寄り添ってくれて

いたのでしょう。「いまやっていることは10年後には当たり前」という言葉は、PTA問題を発信し続け、ときに反感を買ってきた私にも染み入りました。ちょっと泣きそうです。

「会長さんを支えます」と副会長に立候補

――保護者たちのPTA改革を、住田先生がそうやって後ろで支えてくれていたのですね。

やっぱりすごくエネルギーが要ることなので。ないものをゼロからスタートするのとはまた違って、**旧態依然とした、前例踏襲でずっと続いてきているものを変えるのは、すごくエネルギーが要ります。**それも教員だったら仕事だからまだいいんだけど、(保護者は)ボランティアとしてそれをやっていくので。

だから、そういうエネルギーをもっている「言い出しっぺ」みたいな人に、みんなが共感して「いっしょにやりましょう」となったときは、校長としてバックアップする。

だから私そのとき、PTAの副会長になったんですよ。誰にも言わず、PTA総会のときに突然立候補して「会長さんを支える立場で、これからがんばりたいと思います」って言ったら、みんなどよめきましたけどね。「ええー、校長先生はいままで顧問じゃないですか」とか言われて、「いや顧問とかじゃダメです、ＰＴＡとともに、ということで副会長です」と言って。否決されたらどうしようかと思ったんですけれど、とりあえずみんなに承認されてよかったなと思いました。

ＰＴＡ総会の場で突然立候補が現れ、しかもそれはまさかの校長！ どよめく保護者たちの様子が目に浮かんで、つい爆笑してしまいました。最高です。実際、旗振り役になる会長や役員さんはむずかしい立場に置かれるので、住田先生の立候補はさぞ心強かったことでしょう。それにしても、なんというナイス型破り。

心配だったのは、いままでやってきたことを否定するのではなく、というところ。これまでやってきたことは認めつつ、よりよく変えていくためにどうするか、みんなでつくっていきましょうよ、というところはすごく大事です。

いままでやってきた人たちも、みんなが納得してやっていたわけでもないから、**「私はやらされてきたのに、何でやめるんだ」という考え方**は当然あると思うんですよね。だけど、**そういうのもどこかで断ち切らないと、ずっと続いていってしまう。**

当時の会長さんは、そういう方たちとすごく丁寧に対話をしていました。いままでのPTAを、これからどうしようと思っているのか、というところを、個別に、丁寧に話をして。そこには、すごくエネルギーをかけたなと思います。

――住田先生は大丈夫でしたか？　校長先生同士の「足並みそろえろ」圧力もかなりすごいと聞きますが。

校長はみんなたぶん私のことを変な校長だと思っているから、何とも思わないと思うんです。また変なことをやってるな、と思うんじゃないかなと。

――そんな……（笑）。ある種「出過ぎた杭は打たれない」の域ですね。

ただ、最近は「PTAに入らない」という保護者の方も当然出てきましたから、そういう場合にどう対応するのかということに関しては、やっぱりすごく（ほかの校長も）関心をもたれていました。

どこの学校のPTAも、困っていることは同じなんです。役員さん、委員さんのなり手がいないということ。

それは当たり前なんですよね、どう考えたって昔と違うわけで。いまは保護者も皆さん働いていて、従来のような形でＰＴＡ活動に参加できる人って、そうそういるわけではない。いたとしても、かなり無理して参加している状況の方が多いわけですよね。

そのなかで、**いままでどおりの形でＰＴＡ活動をやっていこうって、それはもう限界なんじゃないか**、ということに早く気づかなければいけない。

だとすれば、やり方を変える、やめるっていう手もあるんです。**なくても大丈夫じゃないの、というところから議論したほうが本当はいい。**だから「ＰＴＡはもうやめようか、大丈夫かもしれないよ」って私も何回も言いましたけど、そうするとＰＴＡの人たち（保護者）は「やめるのはちょっと……」って、だいたい言うんですね。私よりもみんな考え方がまじめというか。「そうすると、区Ｐ連や市Ｐ連とか、いろいろと縛りがあるんですよ」って。「大変ですね」と言っているんですけれど。

――近隣の他校ＰＴＡと足並みをそろえねば、と思っている会長・役員さんも多いですね。

これにはいろんな問題があって。とくに中学校区は、だいたい何校かの小学校から一つの中学校に行きますから、そのなかで（改革したＰＴＡ出身の保護者は）「あの学校から来た親は、うるさいよ」という話になったりする。

あとは区や市のＰＴＡ連合会とか、県や全国の枠組みのなかで、なんとなく「その傘下にある」みたいな感じが、単Ｐ（単位ＰＴＡ＝Ｐ連を構成する個々のＰＴＡ）にはあって。そこを変えていくのはすごくむずかしい、と思っている方々もなかにはいるんですね。

本来各ＰＴＡを支えるはずのＰ連が、むしろＰＴＡ改革の足を引っ張ってしまうケースは、実際珍しくありません。抜けようとすると妨害される話もよく聞きますし、でもＰ連改革にまで手がまわる人もなかなかいないため、会長や役員さんたちは「Ｐ連は抜けられないし、変えられない」とあきらめの心境に陥りがちです。最近は少しずつＰ連脱退や、Ｐ連改革の動きも増えてきているものの、地域差が激しい印象です。

コロナを機に「本来、何ができるか」を探る

――今の学校（日枝小）でもＰＴＡの見直しが進んでいるそうですね。今年度はコロナ休校から始まりましたが（※取材は２０２０年夏）、影響はありましたか？

コロナ禍でPTAが動けなかったとき、横浜市でZOOMを使えるようになって、役員会をやったんです。「学校でいま新たな仕事がいろいろ出てきて、助けてもらいたいことがあるんだけど」という話をしたら、「それなら今年度のPTAは全部ボランティアでやりましょう」ということになって、それは望むところですよね。

それで「特別教室や体育館の消毒作業と、登下校の見守りボランティアをお願いできないか」とメールで募集したら、100人ちょっとくらいの応募があって、毎日入れ替わりで作業をしてもらいました。

よかったのは、いま**在宅勤務の職場が非常に増えたので、わりとお父さんたちが消毒作業に参加**していたんです。あとは、休校期間中に校庭で子どもたちが遊んでいたとき、見守り活動も自主的にしてくれたりしました。

――このとき、保護者に直接ボランティアを呼びかけたそうですね。PTAを通すと「必ず来い」になりやすいので、ありがたいなと思いました。なぜ、そうしたんですか？

役員さんとも相談したんですが、今回役員さんはあえて参加しなかったんです。役員さんが出ると「なんで（他の保護者は）みんな来ないんだろう」という話に、どうしてもなっちゃうじゃないですか。だからそこはもう、役員さんはプランニングしたからＯＫということで、あとは**学校がメール配信で募集**した形です。
今後こういうやり方を持続できるかは、なかなかむずかしいですけれど、**もし継続的にやっていく場合は、窓口をＰＴＡにするのか、学校運営協議会（地域学校協働活動）にするのか。**その辺りはまだ、これから検討するところです。

——コロナを機に、これまでとは違うやり方を試すことができたんですね。

そうですね、**活動が止まってみて、いままでＰＴＡが「やらなきゃいけない」ということでやっていた活動は「やらなくても全然大丈夫」ということがわかった**わけです。それが保護者のなかにも浸透したので、**「本来子どものために、保護者と学校で何ができるか」ということを探っていくチャンス**になっているのかな、という気がします。

このインタビューをした頃はまだあまりはっきりしませんでしたが、その後「コロナで前年どおりの活動ができなくなっても問題なかった」「コロナを機に活動の見直しが進んだ」という声を、たくさん聞きました。ＰＴＡや学校など前例踏襲に縛られがちな組織にとって、コロナは変化を促す大きなきっかけになったようです。その後、コロナの収束とともにＰＴＡ活動が復活しつつありますが、たぶんもうあと何年か経つと、コロナのビフォー・アフターが、さらにはっきりしそうです。

基準は「どんな子どもを育てたいか」と「地域の実情」

——ほかにもコロナがきっかけで変わったことはありますか？

うちは集団登校をやってきたんですけれど、その是非はずっと問われてきたんですね。安全性が高いということで続いてきたんですが、分散（個別）登校にもよさは当然あって。子どもたちが自分で交通安全のことについて考えたり、登下校について考えたりする。

集団登校だと、たとえばマスクをしていない子は、たぶん同じ班の上級生から「マスクをしなさい」と言われると思うんですけれど、今年度は（密を避けるため）個別登校になった。様子を見ていると、登校中はマスクをしないけれど、校門に入るとき自分でマスクをつけたりして、子どもが自分でいろいろ考えながら登校しているのがわかるんですね。

だから集団登校のよさもあったんだけれど、**分散登校によって、個々の子どもが自由に、自分で考えながら行動できるというよさもある。**「よりよい日常」として考えたとき、そのほうがいいんじゃないかということで、いま保護者と学校とで話し合ったりしているところです。

――私は見守り当番をしていたとき、集団登校する低学年の子がいちばん注意力が散漫で危ないなと感じていました。1、2人で歩く子のほうが、まわりをずっとよく見ています。

だから、子どもが自立するという点から考えると、やっぱり個別登校はいい。ただ、**いままでずっとやってきたことをやめるって、ラクになることでもあるんだけれど、すごくハードルが高いこと**でもあります。だからそこは学校が「こういう子どもたちを育てたいわけだから、ここはこういうふうにしましょうよ」と話をしていく必要があると思うんですね。

あとは、**その地域の実情に合わせて考えることも大事**だと思います。いまよくテレビで「(密を避けるため)傘をさして登校」というやり方を紹介していますが、あれをもしうちの学区でやったら大変なことになります。歩道橋があるので、雨の日は(傘のせいで)いつも大渋滞になって、地域住民の方から「登校時間をそろえないでほしい」と、厳しくご意見をいただいていたので。

だから集団登校に限りませんが、これまでのやり方を変えるようなときは、さっきの**「どんな子どもを育てたいか」**ということと、もう一つ**「その地域の実情によってできること」**を話し合って、よく考えないといけない。そのためには、コミュニケーションをちゃんとしていかないとダメですよね。

集団登校（登校班）を統一的に実施しているのは、全国の学校・ＰＴＡの一部だけなのですが、そのわりに子ども同士、保護者同士のトラブルはよく聞く印象です。個別登校を望む子どもや保護者も少なからずいるので、希望者だけで班を組めばいいのではないかと思うのですが（実際うちの辺りはそうでした）、どうも「全員必ず」がデフォルトにされがちです。むずかしいところですが、見直しが進むことを祈ります。

「何のため」はＰＴＡで話し合うしかない

――「ＰＴＡは何のためにあるのか」という以前感じていた疑問について、いまはどう思いますか？

ＰＴＡはもともとこういうことから始まりました、みたいな定義はどこかにある

と思うんですけれど、それって今、あんまり意味はないんですよ。おそらく答えはないですから。よく言われるように、これからは答えのない時代ですから、コミュニケーション、対話をする場をすごく大事にしなければいけない。**ＰＴＡもやっぱり、話し合って決めていくしかない**と思うんです。

そのときのビジョンが何かというと、たぶん学校だと「学校教育目標」なんですね。**それぞれの学校で「児童・生徒を、こんな子どもに育てたい」という教育目標**があるんじゃないですか。そこに保護者もかかわっていくということです。本来であればね。

その教育目標って、本来学校だけで勝手に決めたのでなく、保護者や地域の意見を聞きながら決めてきているわけです。だから、たとえば「自分で考えて行動できる子を育てる」という教育目標があれば、「そのためにＰＴＡの立場では、どうアプローチすればいいか」ということを、話し合って決めればいいですよね。

「もともとこういうことから始まった」という定義は今あまり意味がない、という考えに、私もとても賛同します。始まったときの定義と、「今、ＰＴＡが存在する理由」は、別モノだと思うからです。「今、ＰＴＡが何のためにあるのか／

必要か」は、各PTAで話し合って検討するしかないのでは。

基本的には「いっしょに学校をつくっていく」ということ。何かあったとき「じゃあ文句を言ってやろう」というより、**「学校がやっている、この点がどうもわからないから説明してほしい」とか「ここはちょっとやめてほしいんです」といったことを、ちゃんと伝えて話せばいい。**結果、子どもがよくなればいいわけですよね。

だからやっぱり、話し合う場を設けていく必要があります。いま学校運営協議会やコミュニティ・スクールが広がっていますが、あれはまさに「学校だけが子どもを育てているのではなく、学校と地域と一体となって子どもを育てる」という動きとして出てきているわけですよね。

――ただ、いまの学校運営協議会はだいたい、PTA会長や役員の経験者しかかかわれません。一般の保護者が正式に発言できる場があるといいと思うのですが……。

ワークショップをやったらいいと思うんですよ。たとえば私のところでは、PTA総会のあとの時間を活用しています。総会は各自書面を読んでおけば短時間で済ませられるので、「これから学校の子どもたちをどんな子どもに育てるか、そのためにどうすればいいか、先生たちと保護者の皆さんで話し合いましょう」みたいなことをやって、それを広報していくんです。

あとは、**子どもの参画**というのも一つ大事な視点かなと思います。たとえばPTA総会に子どもが参画するというのもおもしろいかもしれませんね。いま、子どもたちが地域参画する話はけっこうあるじゃないですか。そんなふうに「PTAはどんなことをしてくれるといいかな」みたいなことを、子どもが話し合うことがあってもいいかもしれません。

以前、スクールゾーン対策協議会に子どもが参加したことがあったのですが、子どもたちが調べて質問したことには、区役所や警察の方も丁寧に答えてくれました。大人がやるものだと思っていたことに子どもが参加して、質問されたり指摘されたりすることで、問題点が明確になり、停滞していた案件も進むかもしれません。

子どもから学ぶということは、教育においては大事な視点です。そこからイノベーションが起こるかもしれない。PTAの目的や必要性も問われるかもしれませんね。

最後に出た「子どもの参画」というのは、思いつきませんでした。まずは保

護者や教職員という大人たちが、タテマエではない本音の対話をできるようにならないと、子どもも本音は話せない気がしますが、ゆくゆくはこういった「子どもの参画」までたどりつきたいものです。

それから、先ほど書いた「もともとこういうことから始まった、という定義は今あまり意味がない」に賛成だ、という点についても少々補足を。というのは「最初がそうだったから今もそうだ」という考えは、なかなか危険だとも思うのです。「日本のＰＴＡの始まりは、民主教育のためだったから今もそうだ」くらいなら悪くなさげですが、もし米国のＰＴＡの始まり（全米母親協議会）まで遡ったりしたら大変です。「ＰＴＡはそもそも、学校施設を充実させるために寄付集めを行う母親の団体だ」なんてことになってしまいます。そんなのイヤですよ。

そもそもＰＴＡはただの任意団体ですから、「ＰＴＡとは全国統一、こういうものです」と言うことは、たぶん誰にもできないと思うのです。やっぱり住田先生も言うように「今なぜＰＴＡがあるのか」ということは、各ＰＴＡで話し合い、考えるしかないのでは、と思うのでした。

なぜ対立する？　保護者と先生

互いに求められる「知らせる努力と知る努力」

新保元康さん（認定ＮＰＯ法人ほっかいどう学推進フォーラム理事長／元札幌市立小学校長）

ＳＮＳではよく、保護者と学校の先生がバトルしているのを見かけることがあります。立場が違うからそこは仕方ないね、と思うものもありますが、「いやぁ、それは学校が保護者にちゃんと説明すれば済むだけなのに」と感じることも少なくありません。保護者に情報を与えず「なぜ保護者はわからないのか」と先生が苛立っていることは、意外と多い印象です。

先生たちは何しろ忙しすぎて、そのことに気づく余裕すらないのかもしれませんが、保護者に必要な情報を適切に届ければ、結果的に先生の仕事も減り、忙しい保護者たちも無駄な時間ロスを省けるはずです。もどかしい。

そこで取材をお願いしたのが、札幌市の小学校で校長をしてきた新保元康先生です。ＩＣＴを活用した働き方改革を進めたことで知られる新保先生は、保護者との関係においてもコミュニケーションや情報共有をとても大切にしてきたのだとか。現在は退職し、ＮＰＯや公益財団法人の理事として忙しく飛び回る新保先生に、保護者と学校に必要と思うことを聞かせてもらいました。

（２０２０年９月取材）

ボタンの掛け違いを防ぐ「学校ガイド」

――新保先生がつくった「小学校ガイド」（図１）、保護者はみんな欲しがると思います。持ち物のルールや主な行事の日程など、見返したい情報がＡ３の紙１枚にま

新保　元康
（しんぼ　もとやす）

1958年小樽生まれ。北海道教育大学卒。2019年札幌市立屯田小学校長を最後に定年退職。現在は、認定NPO法人ほっかいどう学推進フォーラム理事長、文部科学省学校DX戦略アドバイザー等として、DXによる学校の地方創生参画、働き方改革、授業改善等幅広く活動中。著書に『学校現場で今すぐできる「働き方改革」――目からウロコのICT活用術』（明治図書出版）等。

とまっていて便利です。学校への問い合わせや、行き違いのトラブルも減りますね。

ここに載っている情報は、大塚さんのお宅にも届いていたはずです。ただし、それは30枚ぐらいのプリントになっていたかもしれません。1枚じゃなくて分割で届けられていた。おそらくこの1つのマスの情報が、A4プリント1枚になっていたはずです。

どのプリントも「残暑の候、皆さまにおかれましては……」などと始まって、とても丁寧なのですが、何が言いたいのかちょっとわかりにくい。ですから、学校からのお手紙はすぐに捨てちゃう人もいると聞いて驚いたことがあります。学校のほうは「こんなに一生懸命書いているのに、親は何も見てくれない」とか思っているのです。どこかでボタンを掛け違えている。これではいろいろなトラブルが起きるのは当たり前ですよね。それで、全部まとめてこのガイドをつくったのです。


こういうものが欲しかった！　取材前、新保先生が送ってくれた「学校ガイド」を見たときの率直な感想です。このガイドは全国から問い合わせがあり、真似して採り入れた学校も多かったのだとか。学校から配られるプリントは本当に量が多いので「メールでお願い」とよく思ったものですが、こんなガイドを年度初めにもら

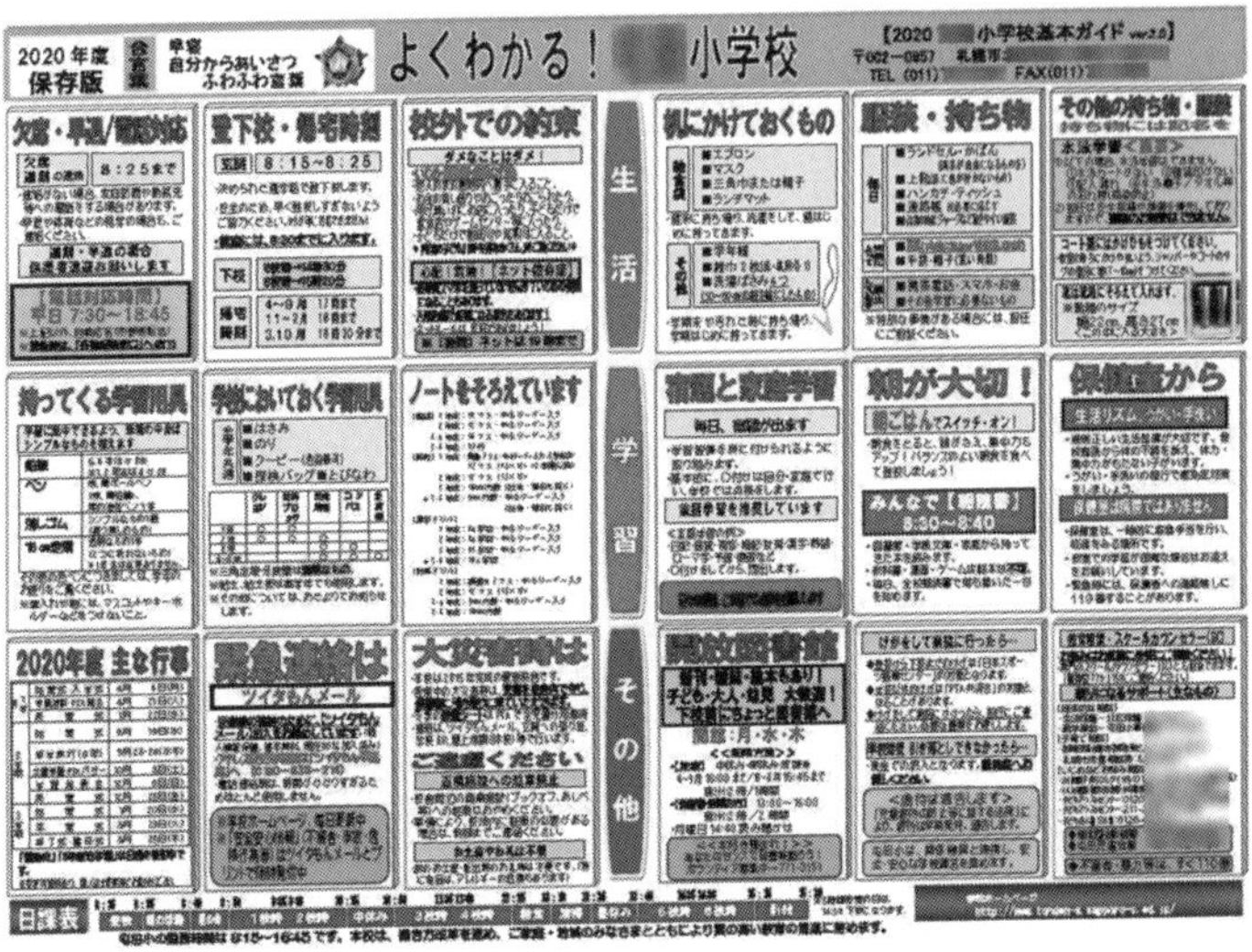

図1　小学校ガイド

えたら、保護者は非常に助かるでしょう。学校のホームページなどで、同様の情報提供をしてもよさそうです。

ふだんなかなか言いづらいことも、ここに書くことにしました。たとえば右上に、プールのことが書いてありますね。おうちでは体温を測ったりハンコを押したり、タオルや水泳帽を用意したり、いろいろ準備が大変です。1個でも欠けているとプールに入れることはできません。学校は水泳学習にとても慎重です。昔はタオルや水泳帽を忘れたら学校で貸していたけれど、いまはシラミなど衛生面の問題があり、絶対に貸せないのです。

以前は「親のハンコの押し忘れで子どもがプールに入れないのはかわいそうだ」と先生が気を回して家に電話をかけ、「先生ごめん、うちの子、大丈夫ですからプールに入れてください」といったやり取りもありましたが、いまはそんなことをできません。水泳指導は、油断すると命にかかわることさえあります。先生たちは安全管理に集中しますから、電話をする余裕はないのです。そういうことも、ここに書いてあるわけです。

——はっきり周知されていれば、保護者もハンコを押し忘れたときなど、ある種すぐあきらめがつきます。

右下のほうには、「虐待は通告します」という文も入れました。ちょうど虐待の大きな事件があり、たくさん報道があった時期だったので、いまなら皆さんに納得していただけるかなと思って書いたのです。

——それまでは、虐待通告のことは言いづらかったですか？

とても言いづらいです。虐待なのかどうかは、いつも判断に悩みます。場合によっては、保護者との信頼関係を損なう可能性もあります。ここまで明確に書くべきかどうかは正直悩みましたが、子どもを第一に考えて思い切って書いたのです。幸い、皆さんにとてもよく理解していただきました。

——先生の勤務時間が載っているのもいいですね。われわれが子どもの頃は早く登校するとほめられたので、まさか「先生の勤務開始時間が子どもの登校時間よりも後で、早く登校すると先生が迷惑している」だなんて、保護者は知らないことが多いので。

そうですね。昔は元気よく早い時間に登校する子どもたちと遊ぶ余裕もありましたが、いまはとても無理です。かといって子どもだけで遊んでいて事故が起きると、また問題になります。それで勤務時間も載せているのです。電話対応が可能な時間も載せています。今は17時頃までとしている学校が多いと思います。

——「お悩みは学校にご相談ください」とも書いてあります。経済的な相談から、子育てやいじめの悩み相談まで、いろんな電話番号も載っています。

これもとても大事です。日本の学校は「子育てよろず相談所」的な頼られ方もしています。もちろん精いっぱい対応しますが、学校が100％解決できるわけではありません。ですから「いまの話だとこういう専門の窓口があるから、そちらの方と相談するといいですよ」と紹介します。ガイドに書いてあるので、最初から専門窓口に電話をかけてくれる方もいて、とても助かりました。

学校の先生も、相談窓口を全部知っているわけではありません。ここに書いていないと、どうしていいのかわからず、電話で受けた相談を、自分で抱え込んでしまうこともあります。親御さんも先生も、このガイドでいろいろな相談窓口があることを理解でき、そこから「いっしょに解決しましょう」という気持ちにもなれるのです。

――このガイドは、どんなふうに制作したんですか?

Ｗｏｒｄでデータをつくり、ＰＤＦにして業者さんに印刷をお願いしました。このＷｏｒｄデータはいま、全国のあちこちに出まわっているようです。学校のプリンターで印刷した例もありますが、すこし残念な仕上がりに見えました。**厚手のちょっといい紙を使って印刷してもらうと「これは大事なものだな、ちょっと捨てられないな」という感じになります。**これも大事なポイントだと思っています。

互いに見えていない昔といまの違い

――ＰＴＡについては、どんなふうに見ていましたか?

どの学校でも、ＰＴＡの役員さんとの情報共有は大事にしていました。しかし学校ではなかなかフランクには話しにくい、というお悩みを聞くこともありました。学校の敷居はとても高く見えるのかもしれませんね。

僕もよく自分からＰＴＡ室に出かけて、役員さんと世間話をしていました。ある意味、どうでもいい話もたくさんしました。でもそのなかで打ち解けて、本音を聞くことができたように思います。耳の痛い話もありましたが、とても貴重な時間でした。

このとき「**言いにくいことは、むしろ早めに教えてください**」とお願いしていました。フランクなコミュニケーションが情報共有の始まりのように思います。

――ＩＣＴで有名な新保先生ですが、アナログな情報共有も大切にしたのですね。

ＩＣＴも使いました。役員さんたちとはＬＩＮＥやメールもしましたが、この辺は（教員によって）いろいろな考え方があると思います。公私の区別はとても大事ですが、結局はバランスの問題かなと思います。

――新保先生も、保護者と学校の情報共有の不足を感じた経験はありますか？

たくさんありますね。学校の先生方の多忙さも、正しく伝わっていないと思います。社会の空気というのでしょうか、とくに小学校は「子ども相手の仕事で、先生方は楽でいいよね」という感覚があるのではないかなと思います。

実際は逆で、**相手が子どもだからこそ、すごく細かいところまで気を遣っています。**たしかに昔はいまほど細かく気を遣ってはいなかったかもしれません。**少子化に伴って、どんどん細かいところまで大事にするようになった**のでしょうか。教師に求められる繊細さは本当にレベルが変わりました。

昔だと「学校ではいろんなトラブルがあるのが当たり前。そのなかで子どもはたくましくなる」というのが、社会の暗黙の了解だったと思います。それがいまは「いろんなことがないのが当たり前」になっているのではないでしょうか。37年間の教員生活で、その変化の大きさを感じました。

保護者が学校や先生に求めるもののレベルが昔よりずっと高くなっている、というのは、私も感じるところです。取材で学校のウラ話を聞いていると「いまの先生たちは、そんなところにまで気を遣っているのか」と気の毒になることも。でも逆に、いまを基準に考えれば、「昔は気を遣わなさ過ぎたよな」と感じる部分もいろいろあります。

逆に、**親御さんの忙しさや大変さを、先生たちが理解していない**こともあります。「あのお母さんは働いていないから、これぐらいはできるはずだ」という思い込みをしていることもありました。働いていらっしゃらないということは、なにかご事情があるのかもしれません。もしかしたら近くにおじいちゃんやおばあちゃんがいて、介護などがあるのかもしれない。個性を発揮して多様な生き方をできる時代なのに、学校側がステレオタイプな見方をしてしまってはいけないと気をつけていました。

私の先輩が、かつて「**知らせる努力、知る努力**」という言葉を教えてくれました。これがつまり情報共有ですね。**親御さんと先生たちが、それぞれの喜びや奮闘、大変さを、互いに遠慮なく知らせる努力をし、知る努力をする。**そうすることで、本当の連携ができるように思います。

親御さんも学校側も、我慢に我慢を重ねてしまうといいことはありません。**限界を超えていざ話が始まると、止まらなくなってしまう。**だからお互い、小さいことのうちに伝え合う。やはり「知らせる努力、知る努力」だと思います。

ごくふつうの感じで「いや先生ごめんね、ちょっとこれわからないんだけど」って聞ける学校でありたいし、僕も「お母さんお父さん、これ忘れているんじゃない？」って言える学校でありたい。そういうお互いの関係性を情報共有っていうのかもしれませんね。

実際、親御さんが意を決して学校に電話したのに、先生の対応がいまひとつ期待に添わず、そこで問題がどんどん複雑になるということもあります。だからこそ本当に、問題が小さいうちに相談できる関係が大事です。

「知る努力と知らせる努力」が保護者と先生の双方に必要という指摘、なるほどと思います。先生たちの多忙さを思うと、学校への連絡を控えがちになる保護者も多いと思うのですが、遠慮しすぎもよくないのでしょう。ある程度開き直ることも大事なわけです。ただ、個々の保護者や先生の努力に頼るだけでなく、「知る」「知らせる」をもっと簡単にする「仕組み」も必要では。メールやアプリなどのデジタルツールをもっと活用してもらえないものかと感じます。

かつては、保護者と先生の仲立ちを、ＰＴＡの役員さんがしてくれた時代もありました。お子さんがたくさんいて、子育て経験の多いお母さんに私も助けられたことがあります。いまはむずかしいのかもしれませんね。

——保護者間のコミュニケーションが増えれば、学校への問い合わせも減るでしょうね。でもそういう仲立ちをできる時間やスキルをもつ人は、父親も母親も同様に、もう少ないです。

ＰＴＡにそれを期待するのはむずかしいでしょうね。それが役員のするべきことになれば、誰も役員になってもらえないかもしれません。子育てのちょっとした悩みを、親同士で助け合うのはとても大事ですが、それがＰＴＡの役割にはならないでしょう。

——何かしら保護者同士のネットワークがあるといいのですが。オンラインでよいので。

そうですね、実際に若い保護者の皆さんはすでにＳＮＳを活用して、どんどん問題を解決していると思います。ＳＮＳの特性を知り使い方に気をつけることで、よいネットワークに参加できるかもしれませんね。そしてどのような人間関係においても、根っこに「寛容さ」があることが大切だといつも感じています。

ＰＴＡというと「Ｐ（＝保護者）とＴ（＝先生）が協力する」ことが前提となりますが、まずは「Ｐ同士のつながり」を充実するだけでも十分意味があるので

は、とも感じます。これまでのＰＴＡは「学校にお手伝いや『寄付』を提供するついでに保護者同士がつながれる」という前提でしたが、Ｐのつながり（ＰＡ）優先でもいいのでは。その次に「じゃあ、先生たちとはこんな協力ができるよね」と考えるのが、本来の順序ではないかと思うのです。

なぜＰＴＡの支出に校長のハンコが要るのか

――ＰＴＡで、やり方を変えたほうがいいと感じたことはありますか？

学校によってさまざまだと思いますが、私の経験では、ＰＴＡ活動で必要な物品を買うときに、保護者が「支出伺い書」をつくっていたことがあります。

――ええと、誰が誰に対して、ですか？

それはグッドな質問です。ＰＴＡですから、ふつうに考えたらＰＴＡ会長に対してですね。ところがハンコを押すところに校長の欄もあるのです。「校長はＰＴＡ会長じゃないから、このハンコを押す権限は僕にはないですよ」と話しました。ちょっとした文房具を買うのにも書類をつくり、ＰＴＡ会長はもちろん、ほかの役員や数名の教師のハンコを押していたのです。忙しい保護者の皆さんが、もう必死になって書類をつくっていました。

「物品の発注先は学校に出入りする業者さんでなければならない」と思い込んでいるケースもありました。そこでPTA役員の皆さんに相談してもらい、支出伺い書はやめ、発注先もアスクルやアマゾンなどネットショップに頼めるようにしたことがあります。これは忙しい役員さんにとても喜ばれました。届け先は学校のPTA室です。ちゃんと領収書も出ますし、きわめて簡単で早い。PTA担当の先生たちの負担も減りました。

４つの学校で校長をさせていただきましたが、それぞれの学校で役員さんと相談し、PTAの仕事を減らすお手伝いをしました。広報紙をやめたり、委員会を減らしたりして、各クラスから出る委員さんを半分の人数にしたこともあります。

学校・保護者・地域を誰がつなぐか

――地域や自治会との関係についても、何か変えたことなどありますか？

北海道らしい話ですが、寒くなると通学路が凍って滑るという問題を経験したことがありました。通学路がすごく狭かったので、子どもが滑って、止まっていた車の下に入ってしまう事件も起きたりして、本当に危なかったのです。

そこで、ボランティアで通学路に砂をまくことにしました。「保護者も、地域の人も、各自がやれるときに、自分の家の前や近くに砂をまきましょう」と呼びかけたのです。学校の玄関前に袋に入った砂をたくさん置いて、いつでも持っていけるようにしました。盗まれたら困るので、最初は玄関の中に砂を置いていましたが、なかなか利用する人が増えない。そこで思い切って外に出してみたら、朝でも夜でも自分の都合のいいときに砂を持っていって、まいてくれました。

——子どもはもちろん、われわれも、お年寄りも、みんなが歩きやすくなりますね。

そのとおりなんです。子どもだけでなく、地域の方みんなが安心して冬道を歩けるようになったのです。

春になって雪が溶けたら、今度は道路が砂だらけになります。たくさんまいたのでもう半端な量じゃない。この砂も、みんなで掃除しましょうとなりました。家の近くの砂を集めたらスーパーなどの袋に入れて、道路の横に置いておく。それを市役所の方が来て、全部回収してくれるんです。きわめて簡単で、いっぺんにきれいになりました。

これを学校だけでやるのは、先生をいくら増やしてもむずかしかったと思います。

問題を共有して、誰でも参加しやすい方法を考え、地域と親御さんといっしょになって、みんなで取り組んだのが成功の理由です。これで教育の質が上がり、安全が高まったということですね。

――校長先生が、保護者と地域に直接呼びかけてくれるのはありがたいです。

もうひとつ、不審者パトロールを工夫したこともあります。パトロールに若い親が参加しない、地域のお年寄りに頼りっぱなしではないか、としかられたことがあり、「地域のお年寄りと若い保護者をつなぐのが学校の役目では」と考えました。

そこでまず、若い親たちのがんばりをお年寄りに伝えました。「昔と違います。若い親たちはみんな働いているから、不審者パトロールに参加しにくい人が多いのかもしれませんよ」と代弁したのです。

それからパトロールの仕組みを変えました。校区内に3つの大きな公園があるので、まず「何月何日の何時に、○○公園に来られる人は来てください」とアナウンスする。地域の人や保護者が公園に集まったら、担当の教員が「今日はお疲れさまです。最近この辺で、何か心配なことありませんか？」と情報共有をします。これは、立ったままするのです。

そこでみんなが最近の様子をしゃべります。最初はぎこちないですが、10分、15

分くらいすると、いろいろな意見が出てくる。「そうですか、この辺ではこんなことが起きていたんですね。学校も気をつけます、じゃあ今日はこれで終わりますから、では皆さん、ここから自分の家までパトロールして帰りましょう」と言って終わるのですが、これを年に3回ぐらい実施しました。

この方法はとても評判がよかったです。簡単なので、地域のお年寄りも若い親御さんも集まりやすかったのです。しかも立ったまま外で話し合うので、時間も短く終わります。何回かするうちに参加人数も増えました。本当に現場で集まるので、臨場感ある切実な課題が出てくる。大事なことだとわかるので、みんな参加してくれたのだと思います。

——多くの人が気持ちよく参加できるようアイデアを練るのも、おもしろそうですね。

アイデアは本当に大事ですね。人間は弱いもので、**問題があるとついつい誰かのせいにしがちですが、何かアイデアを考えたほうが生産的**ですし、精神衛生上もいいです。学校経営の大事なポイントだと思います。

——PTAはよく学校と地域をつなぐ役割を期待されます。多くの保護者にとって地域は学校より遠い存在ですから、負担に感じている人も多い印象です。そういった役回りが好きな人や得意な人もいますが、いないこともよくあるので。

それは、学校の役目だと思います。おそらく地域もＰＴＡも、連携の中心になることはむずかしいでしょう。学校がやったほうが早いです。「いや、それは地域の話ですから」とか「それはＰＴＡの皆さんで考えて」とか、タテマエを言っても問題は解決しません。

理想論的過ぎるかもしれませんが、日本の学校が何でもやってきた、ということをうまく使って、**学校が中心になってつなぎ役をする覚悟を決めることも大事**だと思います。

とくに小学校の校区は基本的に子どもが歩いて行ける距離の範囲です。だから小学校を、一つの小さな社会のまとまりの核にしてはどうでしょう。ただし、**学校に全部任せるんじゃなくて、そこにみんなが協力する形をつくったほうがいい。つなぎ役や、集まる場所は学校**と考えるとわかりやすいかもしれません。

地域と保護者のつなぎ役を学校がやってくれたら、それはわれわれにとってありがたい話ですが、校長先生がそこまでやるのも大変では？と、ちょっと心配にもなります。地域づくりのお金が総務省から出るなら気にしませんが、たぶん出ないのでしょうし……。

学校に求められるもののレベルが昔より高くなっている、という点について少し言い添えると、これも新保先生の話に出てきた少子化が原因のひとつなのでしょう。

子どもの数が昔と比べて半減し、ひとりの子どもを取り巻く大人の数はかつての倍近くなっているのに、学校のなかだけ大人と子どもの人数比が昔のままなのです。「子どもをもっと丁寧にみてほしい」と親や祖父母が願うのも当然ですし、先生たちが「そんなレベルを求められても困る」と思うのも当たり前の話。

教員の数を増やして、学校のなかの「大人対子ども」の人数比を、「外界」と近づけることが必須ではないでしょうか。

われわれ保護者も、学校のなかで大人の数が完全に不足していることを認識し、「先生や職員の人数を増やしてほしい」と声をあげていかねば、と感じます。

PART 2

CSはPTAをどうしたいのか
両方いるの？　いらないの？

「ＰＴＡは学校のお手伝いではない」地域学校協働活動とＰＴＡがかぶらないワケ

井出隆安さん（東京都杉並区元教育長）

ＰＴＡや学校の取材をするなかで感じてきた、ある疑問がありました。

文部科学省は20年ほど前から、全国の学校にコミュニティ・スクール＝学校運営協議会（ＣＳ）の設置を呼びかけています。これは簡単にいうと、地域住民や保護者が学校運営にかかわる仕組みのこと。さらにこれと併行して、地域の人たちが学校をお手伝いする「地域学校協働活動」という仕組みづくりも推進してきました。

でもそれって、ＰＴＡとかぶるのでは？

とくに地域学校協働活動は、これまでＰＴＡがやってきたこととだいぶ近い印象です。ＰＴＡは行政から「社会教育関係団体」と呼ばれるものの、現実には、先生たちも保護者たちも「学校のお手伝い」という認識が濃厚です。だとしたら、地域学校協働活動とＰＴＡ、両方は要らないのでは。

地域学校協働活動（呼称は自治体によって異なります）で割合よく聞くのは、ＰＴＡとかぶらないお手伝い――たとえば、地域の人を講師に呼ぶ際の紹介や、生徒の個人情報がかかわる事柄など――を担っているケースです。

でも、そのすみわけも、本当に必要なのでしょうか？

いまＰＴＡがやっているお手伝いも、地域学校協働活動でやることは可能でしょう。実際、先ほどの新保先生のお話のように、校長先生が地域住民と保護者の両方に呼びかけて、みんなでいっしょに活動する例も、あちこちで見聞きするようになっています。

べつに任意団体はいくつあってもいいのですが、なかにはＰＴＡと地域学校協働

井出　隆安
（いで　たかやす）

杉並区教育委員会教育長（2006年4月～2020年３月）。東京都杉並区立久我山小学校長、東京都教育庁人事部主席管理主事、同人事企画担当部長、同指導部長、中央教育審議会生涯学習分科会委員等を歴任。杉並区では「いいまちは　いい学校を育てる」を合言葉に、保護者・地域と学校が協働する教育活動を推進した。

活動の両方が、保護者の義務のようになっている残念なケースも聞くので（どちらも「一人一役」制だったりするのです）、こうなると「せめて一つにして」と感じます。文科省は、これでいいと思っているんでしょうか。

そもそも文科省は、最初に地域学校協働活動を考えたとき、ＰＴＡとどういうすみわけにするつもりだったのか？　もしかするとＰＴＡと地域学校協働活動を一本化したかったのか？　もしそうなら、それはそれで納得するんだけど……などと、私がブツブツ言っていると、こんな話を教えてもらいました。

地域学校協働活動は、東京都杉並区の「学校支援本部」という取り組みをもとに始まったものだというのです。

そこで今度は、２００６年４月〜２０２０年３月まで杉並区で教育長を務めた井出隆安さんにお話を聞かせてもらいました。「学校支援本部」はどんな位置づけで始まったのでしょうか？

（２０２０年２月取材）

ＰＴＡがなくても学校経営はできる

――ＰＴＡについて、どう思われますか？

私はＰＴＡにあんまり口は出さないけど、ＰＴＡを大事にはしているんですよ。なぜかっていうと、すごく有能な人が集まっている組織だから。ほうっておく手はない。毎年行う小・中学校のＰＴＡ協議会との懇談会では、こっちがたじたじになることがある。学校教育の課題についてとてもよく勉強しているし、話の内容が切実だから。だけど、終わった後、なぜかすごくいい気分になるのです。

ＰＴＡは「**いままでもやってきたから、やめられない」ってことを続けるから苦しいのであって、そんなものは、やめりゃいいじゃない。**たとえば朝、校門の前にＰＴＡに立ってもらう、なんてことは杉並ではないですよ。区が専門のガードマンを雇ってますから。ＰＴＡに学校の運営を手伝ってもらわなきゃならないようなものは、ＰＴＡがやりたくてやっているものは別にすれば、何もない。ゼロです。

なぜかっていうと、「学校支援本部」があるから。

ただ、ＰＴＡが好きでやっている、というと語弊があるけれど、「毎年やってきたから、やめられない」ってお手伝いしていただいていることもあります。でもそれは、教育委員会が頼んでいることでも何でもない。公開授業の道案内に立っている保護者を見かけて「こんな寒いときに立ってなくていいんですよ。それより授業見に行ったほうがいい」と声をかけたりするんだけれど。そんなことはとっととやめりゃいいんです。

早々に納得です。杉並区では、学校のお手伝いはもともとPTAに「やらせて」いなかったのです。PTAが勝手にやっているお手伝いはあるものの、必要な「仕事」は人を雇ったり、学校支援本部でやったりしている。だからPTAとのすみわけ、なんて最初から考える必要がなかったのでした。

　そうすると逆に、教育長が「やめりゃいいじゃない」と言っていることを、保護者がしばしば「仕事」と思い込んで続けているのはなぜなのか?と考えさせられます。現場の校長や保護者の意識の問題が大きそうです。

　これ（図2）は杉並の小・中学校における教育活動を、誰がどうサポートしているか示した図なんだけれど。PTA、どこにあります？　どこか、探して。

——うーん……（十数秒経過）。見つかりません。

ないんですよ。この図の外なんです。「じゃあ、ＰＴＡは要らないじゃないか」っていうけれど、私はＰＴＡはあったほうがいいと思ってます。「Ｐ」と「Ｔ」との「Ａ」ですから学習機関なんですよ。ＰＴＡってお手伝い機関じゃないんです。

杉並も昔は、ＰＴＡが校門前の見張りから集金までやってくれていたけれど、もうそんなものはありません。**ＰＴＡがなくても学校経営はできる**んです。ＰＴＡからお金をもらったりすることも一切ない。

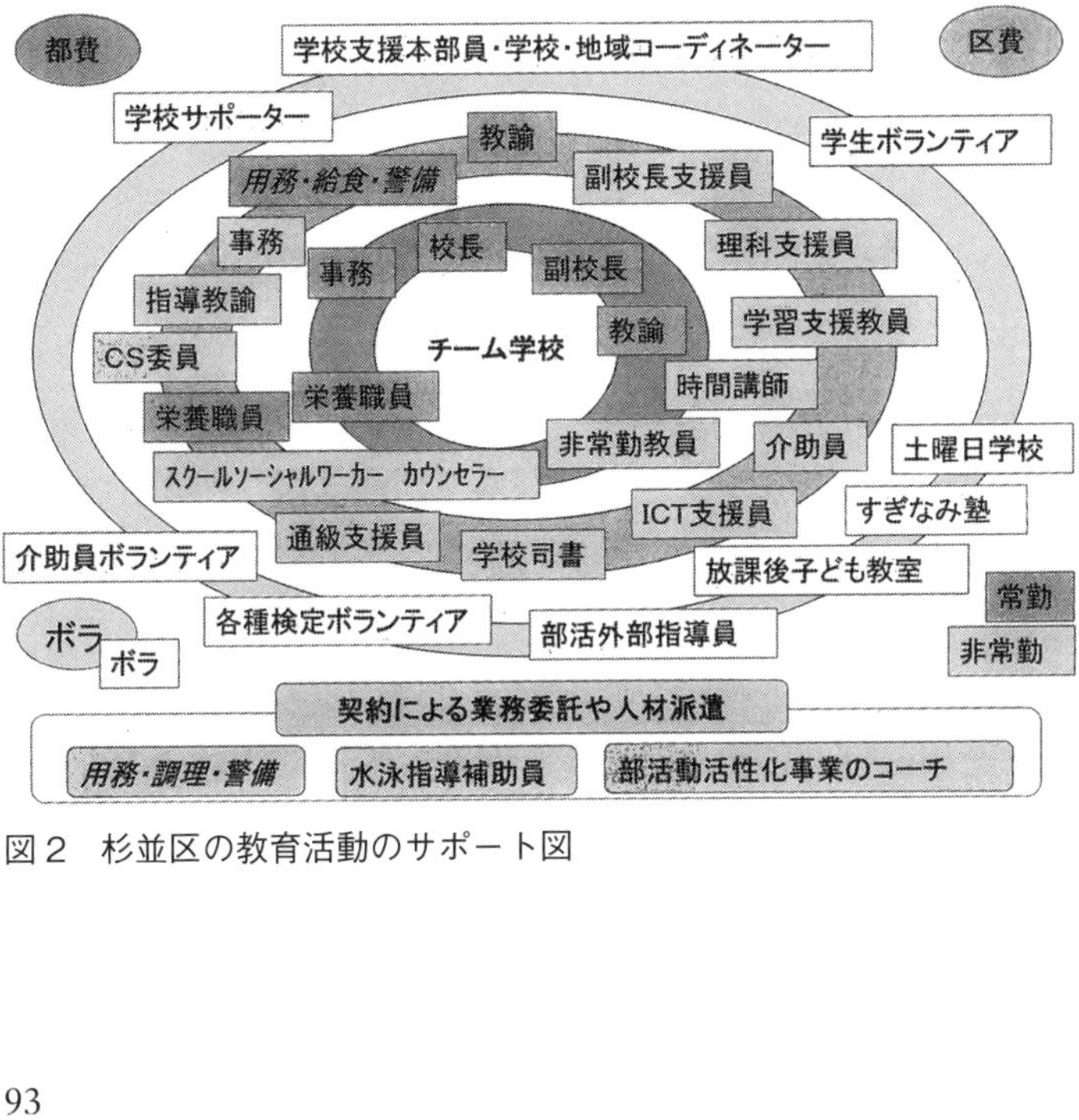

図２　杉並区の教育活動のサポート図

「ＰＴＡは学校のお手伝い機関ではない」！　ＰＴＡの強制に悩む保護者たちが一斉に立ち上がり、拍手する光景が頭に浮かびました。教育長という立場からこう断言してもらえるのは、保護者にとってやはりとても大きなことです。

なお一点補足しておくと、「学校がＰＴＡからお金をもらわない」のは、現状残念ながら東京など一部の自治体または学校です。ＰＴＡのお金に頼る学校は、全国的にはまだまだ多く、都内もゼロではありません。もう何十年も問題視されながら、「学校にはお金がないんです」というパワーワードのもと「寄付」が続いているのが現状です。

――杉並区の「学校支援本部」は、どんなふうに始まったんでしょう？　民間人校長だった藤原和博さんが和田中で始めた「地域本部」がヒントになったと何かで読みましたが。

それを区の教育委員会の施策として取り上げて。藤原さんがやったものとは少し違うけれど、全区展開をしたんです。文科省がそれに目をつけて全国的に展開しようと始めたのが「学校支援地域本部」（地域学校協働活動の前身）。元祖は杉並です。

――いま他の自治体では、地域学校協働活動とＰＴＡの両方で保護者が学校のお手伝いをしていたりしますが、元祖の杉並では、そういう意図はなかったのですね。お手伝いに関してはＰＴＡを当てにする必要ないじゃない。学校支援本部があるから。

ただ、他地区から来て杉並のシステムを全然知らない校長だと、そういうことはありますよ。学校の研究発表会のとき、寒いなかＰＴＡ（の保護者）を案内で立たせるとか、控え室のお茶出しをやってもらうとか。**私は見つけたら必ず「ＰＴＡをそういうふうに使っちゃいけません」と言うけれど、たまにＰＴＡを手足のように使いたがる校長もいる。**

私は「ＰＴＡは学校の下部組織でもなければ校長のお手伝い部隊でもお気に入り部隊でもありませんよ」と言っているけれど、調べていけば、杉並でもそういう場面はまだあるかもしれない。

――現場では、ありそうですね。

問題はいっぱいありますよ。自由加入だといっても自動的に入れられたとか、入りたくないのに入らされたとかという話を聞くことがあります。ＰＴＡの役員のなり手がいない、誰かが役を引き受けるまで帰らせてもらえない、とかいうのもあると思う。

「やめたい、だけど私の代ではやめられない」、ビルド&ビルドでスクラップが利かない。たまにある年の会長が「全部やめます」とか言うと、別の人が「1年我慢すりゃいいのよ。あの人がいなくなったら、またやればいいんだから」ってなる。

――あるあるです……（苦笑）。保護者も考えないといけないですね。ちなみに「学校支援本部」を始めたのは、昔多かった専業主婦が減って、学校のお手伝いを確保できなくなってきたから、という背景もあったりしますか？

専業主婦か働いているか、ってことは全く発想にないです。PTAの参加資格は、子どもが学校に行っていること。だけど学校支援本部のほうは「支援します」っていう気持ちがある人なら誰だっていい。リタイアした70過ぎのおじいさんもいれば、高校生や大学生もいれば、いろんな人がいる。支援の仕方も、会議の議事録を手早く打ってあげますとか、行政文書にも負けないような報告書をつくってくれるとか、学校に行かなくてもできることがある。支援の中身はなんだっていいんです。

――この仕組みが全国展開されていることをどう思いますか？　他地域では、保護者がPTAと地域学校協働活動のダブルで学校のお手伝いを強いられることもありますが。

よそのことは、はっきり言ってわからない。

たとえば代々昔から住んでいる人が多い地域では、おやじの会とか学校応援団、同窓会等があって、「学校はおれたちが面倒みてるからいいんだよ」っていうこともあるかもしれない。そういう地域ではＣＳも支援本部も「何じゃそりゃ」となるでしょうね。前の世代のサブシステムがあるところで、新しいサブシステムは機能しない。なぜかっていうと、必要ないから。

その地域の状況をどういうふうにサポートしていくかというのは、地域の事情によって違うから、同じようにやる必要はないんです。だから、私がよその地域に出かけて行って、「杉並はこうしていますから、そうしたほうがいい」というようなことは言いません。よけいなことは言わない。

――そうですよね。ＰＴＡでも地域学校協働活動でも、ヘンな運用がなされたときに指導すらしないなら、文科省は最初から全国展開などしないでほしいのですけれど……。ちなみに、ＣＳについて、教育委員会や学校が「やりません」ということはできるんですか？

できますよ。全然かまわないんです。うち（杉並区）だって全64校がＣＳになるのは２０２３年です。ＣＳを始めてから15、６年くらいかけている。機が熟したときに、そうなればいいんです。

私は別に歓迎されに来たわけじゃない

――どうして井出さんは「PTAは学校のお手伝いじゃない」と言ってくれるんですか。

当たり前じゃない、そんなこと。

――ありがたい言葉ですが……。残念ながら、当たり前と思っていない人が多いので。杉並では、なぜこれが当たり前になれたのかなと？

そういう土壌もあるんですよね。「PTAは学校のお手伝い部隊じゃない」と指摘する人たちも多いですし、自主的な勉強会なども、昔からいっぱいある。でも私はべつに、彼ら、彼女らがそう言うからそうしているわけじゃない。もともと以前から「そのとおりだ」と思っているから。いまの杉並の校長は、それをやると「これはPTAのやることじゃない」とか「小間使いに使うな」と私に怒られる。

よく私が学校に行くと、昇降口に「歓迎」「井出教育長様」とか書いた紙が張ってあるから、「これ誰がやってるの？　私は別に歓迎されに来たわけじゃない。文句言いに来たのかもしれないんだから、こんなもの書かないで」と言ってきた。それでも10年はかかりましたよ、下駄箱の張り紙がなくなるのに。

――その手の「お心遣い」的なことって、「上」の立場から言わないと止まらなそうですが、上から言っても止まらなかったりするんですね。保護者と学校の「お心遣い合戦」も同様の印象があります。卒業式の謝辞の継続について、私もＰＴＡでもめたことがあります……。

卒業式といえば、これから新型コロナウイルスがパンデミックな状況になったらどうするかというので（※取材は２０２０年2月）、ある校長から「区長の告示や教育長挨拶の代読をやめにできるか」と問い合わせが来た。そんなの「お手元の配布物をもって替えさせていただきます」でいいんです。いちいちおうかがいを立ててくるような話じゃない。

そもそも卒業式は、卒業を認定する卒業証書を渡すためのものです。だから区長の告示も文書に替えてもいい。そういうことを校長はちゃんと知っていないといけないんだけれど、知らないから「お断りしたいんですけれど、失礼でしょうか」と聞いてくる。

一事が万事、そういうことです。「子どもが３００人も集まって体育館に2時間も缶詰めにして、飛沫感染したらどうするのか」と心配するから、「やめりゃいいじゃない。やめるかやめないかは校長が決めればいいんだよ」って返したら「えっ、校長が決めていいんですか」って。

聞いていると「ふぅん、校長先生たち、もっと自分で判断すればいいのに」などと思うのですが、考えてみたらＰＴＡだってまったく同じです。「こうしないと相手に失礼だ」と勝手に思い込んで、文句を言いながら続けていることは、学校にもＰＴＡにも多いのでしょう。相手を決めつけているわけですから、そのほうがむしろ失礼かもしれません。

――校長先生たちはなぜ判断できないのかなと思ってしまいますが、逆に考えると、井出さんは校長先生だったとき、なぜ判断できたんですか？

私は副校長のとき、そういう校長に鍛えられたから。ものごとの順序、軽重、フォーマルとインフォーマルの区別、そういったものをきちんとわきまえて校務を整理するのが副校長の仕事なんだから、と3年間こってり鍛えられました。

新任1年目の7月に「報告の順序が間違ってる」と注意されたことがある。夏季休業中に体育館の床を全部張り替えることになって、教育委員会事務局から工事日程の連絡があった。ＰＴＡの主催で体育館を使う宿泊行事が入っていたので、いの一番にＰＴＡ会長に連絡をしたら、ＰＴＡ会長が校長に代替案の相談をした。

　そうしたら校長が「なんで私より先にＰＴＡの会長が知っているんだ」って。「学校の施設設備の管理者は誰だ。校長が知って、校長の指示でＰＴＡにどうしますかと連絡するのが筋なんだ」って。意地悪で怒られたんじゃないんだよ、ものごとには順序があるっていう話。なるほどと思ったね、そのとき42歳だった。そういうふうに鍛えられてくると、大概のことは判断できるようになるじゃない。

　ＰＴＡもそうですよ。学校側から言われたことを聞いて「はい、そうですか」と言っている関係じゃなくて、「それって違うんじゃないですか？　こうしましょうよ」ってことを、お互いに言えるような関係がいい。それってどうやって生まれるかって？　学習と経験です。


物事の順序、ＰＴＡも間違えがちです。「校長先生の意に添わないことをする」などハナから想定外という傾向もあります。たとえば私も、ＰＴＡ会長に取材をお願いしたら「校長に確認をとる」と言われた末「ダメと言われた」と断られたことが何度かありました。そもそもＰＴＡの取材で、なぜ校長の許可が要るのか。ＰＴＡと学校は別団体であることを、われわれみんな、もっと意識する必要がありそうです。

どんどん変質して、戻る場所がない組織

──いまのPTAには、いい部分と悪い部分と、すごく混在していると感じます。

なぜかっていうと、**PTAって戦後、社会的に成熟しないまま大きくなり過ぎちゃったんです。**アメリカのそれをもってきて、ポンと立ち上げて、ああしてこうして、途中でどんどん変質していったんですよね。その変質していった過程を、当事者たちは認識していない。時世に合わせて変わっていったのだけど、いまの人はどこでどう変わったかわからない。

だから、戻る場所がないんですよ。戻る場所がないから、先輩は「私たちがやったとおりやればいい」、後輩は「先輩のやっていたとおりやればいい」となる。何かによって変えられたという認識がなく、いつ変質したかもわからない状態で、ずっと「そういうもんだ」と思ってやってきて、いつの間にか、当初の目的のまるっきり裏側に来てました、というような存在になった。変えようと思った人が、無駄な努力をすることになる。

ああ、本当にそうだな、と頭を抱えてしまいます。ＰＴＡは「大人たちが学ぶ場だ」と言う人もいれば、戦前の学校後援会と同じで「お手伝いと『寄付』の団体」と考える人もいるし、「保護者がモノ申すための団体だ」と言う人もいたりして、どれが正しい・間違っているなど言えるものではありません。この団体、いったいどうすりゃいいのか。

（途方に暮れる私を見て）ねえ、エライところに足をつっこんじゃったね。どうする、これ。当てのない旅。

でも言えるのは、結論を決めて旅しちゃいけないってこと。さまよっている間に気がつくことが、いくつか必ずある。そのひっかかったことを大事にして、やっていけばいいんじゃない。「何でも見てやろう」でいけばいい。初めから答えはないんだから。

切り口は「絶滅危惧種」としてＰＴＡを捉えるか、今後の生涯学習社会を支えていくブランチ、「可能性の宝庫」としてＰＴＡをもう一度見直すか、どっちかですよ。

私は後者だと捉えて、そのスタンスでかかわっている。

でも中学の部活動と同じで、絶滅危惧種、レッドカードの側面もあります。

取材を終え、「そうか、私はエライところに足をつっこんだのだな……」とますます途方に暮れつつ、杉並区役所を後にしたあの日。その後、私は井出さんに言われたとおり、結論を決めず、ひっかかったことを大事にしながら、旅を続けてきたと思います。

お話を聞いて改めて気づかされたのは、「ＰＴＡをいまのような、強制に満ちたお手伝い団体にしているのは、ほかならぬ保護者自身でもあるのだ」ということ。

実際、校長先生がＰＴＡにお手伝いを求めていることも少なからずあるのですが、「実は誰も望んでいない」のに保護者自身が勝手に「そうせねばならん」と思い込んで、さらにそれを自身や他の保護者に強いていることも、かなり多そうです。前例踏襲で続けてきたことはすべて「やめられる」と認識し直す必要があるでしょう。

私は、ＰＴＡが生涯学習のための団体だという考え方にはあまり同意しないのですが、保護者と学校がいっしょにやったほうがいいことは多々あると思うので（ＰＴＡじゃなくてもできますが）、「絶滅でいいよね」と気軽に言う気にもなれないのでした。

《用語解説》

●地域学校協働活動

地域の人たち（保護者含む）が学校のお手伝いをし、休日などは住民主体で活動する仕組み。実働部門。自治体によって名称は異なる。

●コミュニティ・スクール（CS）

地域の人たち（保護者含む）が学校運営に参画する仕組み。狭義では「学校運営協議会」を置いた学校を指す。主な役割は「校長がつくる学校運営の基本方針を承認する」「学校運営について、教育委員会や校長に意見を言える」「教職員の任用に関して教育委員会規則に定める事項について、任命権者に意見を言える」の3つ。

現場では、CSを地域学校協働活動のことと思っている人も多い。区別するため「CS（学校運営協議会）」と表記されることもある。

全国の公立学校におけるCS（学校運営協議会を置く学校）の導入率は52・3％。地域学校協働本部がカバーしている学校は61・0％（文部科学省「令和5年度 コミュニティ・スクール及び地域学校協働活動実施状況について」より）。

必要なのは「校長の辛口の友人」
CSを前提にPTAの役割の見直しを

四柳千夏子さん（文部科学省CSマイスター、三鷹市統括スクール・コミュニティ推進員）

さて、前章では地域学校協働活動のことについてお話を聞いてきましたが、今度はコミュニティ・スクール＝学校運営協議会（以下、CSと表記）について考えてみます。

先ほども少々触れましたが、CSは保護者と学校だけでなく、地域の人もいっしょに学校運営に取り組むための仕組みです。各学校、または複数校ごとに「学校運営協議会」というものが設置されます。

この学校運営協議会は、校長先生の話をただ聞くのでなく、なんと「保護者を含む地域住民の声を学校運営に反映する」というもの。「PTAはお金だけ出して、後は黙っていてほしい」というよくある扱いに慣れてきた保護者からすると、まばゆくすら感じられます。

ＰＴＡと違って、ＣＳには法的根拠もあります。「地方教育行政の組織及び運営に関する法律」というのですが、ここに書かれたＣＳの主な役割は以下の３つです。

・校長がつくる学校運営の基本方針を承認する
・学校運営について、教育委員会や校長に意見を言える
・教職員の任用に関して教育委員会規則に定める事項について、任命権者に意見を言える

国、文部科学省は、20年ほど前からこの仕組みを全国に広めようとしており、現在ＣＳの導入率は約52％（令和５年度調査）。地域学校協働活動の実施率61％（同）と比べるとやや不人気な印象ですが、法律上、各地の教育委員会に対し学校運営協

四柳　千夏子
（よつやなぎ　ちかこ）

2003年度より小学校PTA代表、中学校PTA会長、三鷹市PTA連合会副会長を務めたほか、小学校で放課後の居場所づくりや読み聞かせ、学習ボランティアなどの支援組織の立ち上げのリーダーとしてかかわる。2009年度よりPTA会長として学校運営協議会（ＣＳ）委員を拝命。ＣＳ副会長・会長を6年間務めた。

議会を置く「努力義務」が課せられています。

ここでまた、あの疑問が浮かびます。

CSがあるなら、今度こそ、PTA要らなくない？

前項の井出さんのお話で「PTAは学校のお手伝い組織じゃないよね（お手伝いならPTAじゃなくていいね）」ということが確認できたわけですが、じゃあPTAはお手伝いじゃないなら何をするのか。

いま一番足りていないのは、「保護者と学校の情報共有や意見交換」みたいなことじゃないのかな？と思ったのですが、でも待ってそうすると、今度はCSとかぶるわけです。いよいよ、PTAはなくていい？

そんな疑問を胸に、今回はCSの発祥地、と言われる自治体のひとつ（もうひとつあるのです、次項参照）、東京都三鷹市で長年CSにかかわってきた四柳千夏子さんにお話を聞かせてもらうことにしました。

現在文科省の委嘱で「CSマイスター」をしている四柳さんは、20年ほど前から、幼稚園や小・中学校のPTA会長、地域コーディネーター、CS委員会の会長などを務めてきました。いろんなことがありましたが、「みんなで話し合って何かを生みだしたり、議論して結論を出したりすることが、とにかく楽しかった」とか。

ＣＳを初めて体験したのは２００９年春、中学校のＰＴＡ会長をしていたときでした。最初は「ＣＳって何？」とよくわかりませんでしたが、やっているうちにだんだんと「学校が目指す教育目標や計画について協議し、承認する」という役割を認識したといいます。

四柳さんはいま、ＣＳやＰＴＡの役割を、どんなふうに考えているのでしょうか。

（２０２１年３月取材）

ＰＴＡの本質が語られていない

――長い間ＰＴＡにかかわってきて、昔と変わったな、と思うことはありますか？

大きく変わったのは「学校の近くにある組織がいろいろできた」という点だと思います。私が小学校のＰＴＡをしていた頃は、学校にかかわる保護者の組織はＰＴＡしかありませんでしたが、いまは登録制で授業のサポートに入る「学習ボランティア」やＣＳ委員会など、いろいろあります。

だからいま考えると、**ＣＳができたところで「じゃあ、『ＰＴＡ』って何をしなきゃいけない組織なのか」という、役割の見直しをしなければいけなかった**と思うんです。それをしないでここまで来てしまったから、ＰＴＡは自分たちの存在意義がわからなくなっているんじゃないかなって、傍から見てすごく感じます。だから負担感ばかり増していくんじゃないのかな、って。

――本当ですね。さっそくお尋ねしてしまいますが、地域学校協働活動やＣＳがあれば、ＰＴＡって、もう要らなくはないでしょうか？

現状のままなら、私もＰＴＡはもしかすると、もう要らないのかなと思います。ただし**「保護者の声や意見」は学校に絶対必要**なので、それはＣＳのなかに取り入れられるべきですし、反映されていかなければいけないと思います。

よく「ＰＴＡ」と「保護者」を同じものだと思っている人がいますが、違うものですよね。ごちゃ混ぜになっているけれど、そこは分けて考えなければなりません。学校運営に保護者が不要だ、という話ではないのです。

とても同意です。これまでのような、お手伝いと「寄付」をメインとした前例踏襲型のＰＴＡならもう要らないよね、と私も思うのですが、一方でやはり、保護者の声や意見は学校に届く必要があります。そこはまた、別の話。

――ＣＳが全国に広がったとき、なぜＰＴＡをなくす話が出なかったのでしょう。遠慮があったんでしょうか？

誰に対する遠慮だと思いますか？

――たとえば「ＰＴＡは絶対なくてはならない」と信じている人たち、でしょうか。

ＰＴＡってふだんはみんなイヤイヤ活動しているのに、「地域に〇〇の活動や権限を移す」とか「先生が〇〇の活動は要らないと言った」などと聞くと、急に「われわれのこの活動を守らねばああ！」と盛り上がったりしますよね……。

わかります、わかります（笑）。急に、パワーを出してきますね。

たぶん遠慮というより、**何かを「なくす」ということに対して、すごくマイナスなイメージがある**んだと思うんです。本当はそういう問題じゃないと思うのですけれど。

たとえば、もうＣＳで広報紙を出しているところなら、ＰＴＡの広報紙は出さなくてもいいのかもしれない。でも「手放していいんだよ」と外から言われると「いやいや、これはＰＴＡがやらなければならないのです」みたいな話になる。

それもきっと、本質が語られていないからだと思うんです。ＰＴＡってそもそも何のためにあるのか、ＣＳは何のためにあるのか、という本質が語られないから。

ＰＴＡが担うべきと考えられてきた役割や機能を、地域学校協働活動やＣＳが担うのであれば、今度は自分たちは保護者としてどうそこにかかわっていくか、という考え方もできると思うんですけれど。

いまは担う役割が重なっているのに、それぞれが「自分たちのテリトリーは絶対守らなければ」みたいになっている。**重なっている部分は誰が担うか、相談して見直せばいい**と思うんですけれど、その議論をしていないですよね。

やっぱりもっと、保護者も含めた地域の人たちがみんな、自分たちの垣根を取っ払って対話をすると、スクラップ&ビルドが進むんじゃないですかね。

うなずきっぱなしです。ＰＴＡがここまで続いてきたのは「なくす」ことへのタブー感が強すぎたせいとも言えそうです。たまに「ＰＴＡをなくしてしまうと、もう一度同じようなものをつくることはむずかしいから残すべき」という意見を聞くのですが、むしろ逆のような気もします。この国の人たちはなくすことが心底苦手で、新しいものをつくることばかり得意だから、スクラップ&ビルドでなくビルド&ビルドをくり返してしまうのでは。

ＣＳと地域学校協働活動が混同されるワケ

――学校現場ではよく、地域学校協働活動と学校運営協議会が混同されていて、どちらもＣＳと呼ばれています。地域学校協働活動はお手伝いの実働部隊、ＣＳは本来学校運営協議会のことであり、つまり議論して策を練る部分ですよね？

そうなんです。私もいろんなところにＣＳの話をしに行くんですが、地域学校協働活動と、ＣＳの違いがわからないという人が多いです。

ＣＳの機能は、学校と地域が「こういう子どもたちに育てようね」というビジョンや目標、方向性を共有したりするところ。

地域学校協働活動は、地域で行われている子どもたちのためのさまざまな幅広い「活動」を指すのですが、両者の機能の違いなどが、学校・地域の現場でははっきり線引きできません。だから、わかりにくいんですよね。

とくに三鷹市の場合は、ＣＳ委員会の活動の一つとして学校支援の部会を置いて、そこで地域学校協働活動をしているので、よけいにわかりにくいかも。

――取材していると、よく「(地域学校協働活動とＣＳ) どっちのこと話してる？」と混乱します。地域学校協働活動をＣＳのメインだと思っている人も多い印象です。

「狭義のＣＳ」と「広義のＣＳ」と、わけて整理するといいんですよね。**学校運営協議会制度が「狭義のＣＳ」、地域学校協働活動やＰＴＡも含めたさまざまな活動や団体が一緒につくっていく「地域とともにある学校」のことを「広義のＣＳ」とする。**これはいま、文科省が整理をして示していますが、各教育委員会のほうでも、その整理をする必要があるかな、と思います。

ＰＴＡについても、地域学校協働活動や、ＣＳとの役割の違いがわからない、という人が多いですよね。やっぱりＰＴＡは「学校のお手伝い組織」みたいになっていることが多いので、そこでも整理がつかなくなっている。

しかも、ＣＳも地域学校協働活動もＰＴＡも、やっている人は同じような顔ぶれなので、よけいに区別がつきづらくなっています。なので、そこにいる人たちが「これはＣＳ」とか「これは地域学校協働活動」とか、頭のなかで整理をつけていく必要があります。

とくにＣＳは、法律に位置づけられているので、与えられた権限をちゃんと認識していないといけないと思います。やったからには責任が生じる、というところも理解しておく必要があります。

実際、「ＣＳと地域学校協働活動とＰＴＡはメンバーが重なるので、会合が多くて負担になっている」といった話はかなりよく聞きます。ここはやはり、団体を統廃合して絞り込むか、もしくは役割が重ならないように見直し＆整理をすることが必須でしょう。

PDCAの「PCA」がCSの役割

――ＣＳは具体的に、どんなことを議論したり承認したりするんでしょうか。

具体例ですか、ちょっと待ってくださいね……。これです（分厚いＡ４の紙の束）。これは令和３年度の、ある学園・学校の経営基本方針です。これ全部、今年度の承認事項なんですよ。三鷹市は中学校区ごとでＣＳになっているので、３校分ですが。

――え、それ全部ですか!?

全部です。これを読み込んで承認しないといけないんです。議論できると思いますか？

――ムリです……、その量なら「去年どおり」でいいです（苦笑）。議論するなら「この部分についてどうですか」って学校から聞いてもらわないと、どうしようもないです。

おっしゃるとおりです。私も最初にこれを読んだとき「これ全部学校がやるの!?」と驚きました。

ですので**校長先生には「うちの学校は、とくにここの部分に力を入れてやりたいと思っているんだ」ということを語ってもらいたい。**そうすれば、私たち地域住民や保護者もわかりやすく、賛同もしやすいですし、それを実現させるために私たちがいっしょに何ができるかを考えやすくなります。

たとえば、「うちの○○学園は防災教育に力を入れていきます」と校長が説明したとします。それに対して「防災教育によって、子どもたちにどんな力を身につけてほしいか」を、学校と私たちが、学校運営協議会の場で共有する。

さらに「具体的にどういうふうに、これをやっていこうと思っているんですか」と質問をしたり、「防災教育なら、どこそこの地域団体もいっしょにやったほうがいいですよ」と意見したりする。そして1年間が終わったら「書かれていたとおりにやれたね」とか「ここの連携ができなかったね」と振り返る。

その**PDCAをまわしていくのが、CSの役割です。このうちのD(Do)のところを地域学校協働活動が実践して、PCA(Plan Check Action)**

をCSがまわしていくイメージです。ＣＳの委員は、議論のなかで「たとえば、こういうことをやってみたらどうだろう」という話になったとき、自分ががんばるのではなく「そういえば、あそこにあんな人がいるよな」と思った人を巻き込んでいく役割を担うのです。

「議論をする」というのが、わかりにくいんですよね。私たちもそうでしたけれど、一番わかりやすいのは活動をすること。だから、どうしても何かやりたくなっちゃうんです。「話し合ったら、やってみよ」みたいな。（協議会で）議論する、というのは、日本人にとって苦手なところかもしれないですね。

それはとてもよくわかる気がします。CSを掲げているのに、議論や意見する役割（学校運営協議会）はおざなりにされ、お手伝い（地域学校協働活動）ばかりが目立ちがちなのは、わざとそうしているわけでなく、われわれの「癖」も大きいのかもしれません。ある程度慣れてくれば、CSももっとうまくまわっていくのでしょうか……？

保護者や地域が「校長の辛口の友人」になる必要

――CSが「校長先生（や地域の重鎮）の話を聞くだけの場になっていて、まともな議論ができていない」という話も、割合よく聞きます。CSは、どうしたら有効に使っていけるんでしょうか？

三鷹がCSを始めようとしていた頃、貝ノ瀬滋教育長（当時）が私たちにくり返し言っていたのは、「校長先生の辛口の友人でいてください」ということでした。CSって、よりよい学校をつくるために地域や保護者も当事者として話し合っていく場なので、**ただ承認するのでなく、言うべきことは言わないといけません。**

だから本当に辛口で、「校長先生、それ違うよね」ということも平気で言っていました。でも言ったからには、私たちもいっしょにやるよ、という感じです。校長先生も私たちも、言いたいことを本音で言い合っていました。お互いに信頼関係があったんですね。

校長先生にはやはり「どういうことがしたいのか」を語ってもらう必要があるので、私たちはそれを求めていかなければならないし、もし校長先生のビジョンが私たちの地域や学校の子どもたちに合わないと思ったら、それを発言しなければいけません。

だから**校長先生の意識やマネジメントというのが、すごく大事**ですよね。「自分の学校経営にこの人たちが必要で、意見を言ってもらわないといけない」ということを、認識していていただかないといけない。

もし「保護者はクレームを言う人たちだ」くらいにしか思わない校長先生だったら、うるさく言われないようなことしかＣＳで言わなくなってしまって、それではもう、いい議論はできなくなりますよね。

そうではなく、校長先生が地域住民や保護者を「本当に頼りになる人たちなんだ」と思っていれば「こういうとき、どうしたらいい？」と相談したり、こちらもアドバイスをもらったり、という関係になると思うんです。だから本当に、校長先生の考え方次第というところはあるのかな、と思います。

――ＰＴＡでもたまに、校長先生と保護者の本音トークの場をもうけたといった話を聞きますが、これもやはり、校長先生がその気にならないと実現できません。

そこはＣＳもＰＴＡも同じかもしれないですね。

アンテナの高い校長先生なら、ＣＳをものすごく利用すると思うんです。「地域の力、使っちゃおう」みたいな感じで、こちらも「こたえちゃおう」となって、いい循環ができていく。でもそれは校長先生が替わったとたんにしぼんでしまうこともあって、それはやっぱり校長先生がＣＳをどんな存在と捉えて、自分の学校経営にどう生かしていこうと考えるか、によるところが大きいと思います。

CSを意味があるものにできるかどうかは、ずばり「校長先生の考え方次第」。保護者にはどうにもできずもどかしいですが、でももし校長が本気で「保護者や地域の意見を聞きたい」と思ってCSを活用するなら、こちらも「辛口の友人」にならなければ意味がない、ということでしょう。校長に耳障りのいいことばかり言うのでもなく、ただ反対して妨害するのでもなく、絶妙な距離感で学校をともにつくっていけるといいわけです。

——保護者の代表は、ＣＳの場において、どんな意識をもつことが必要でしょう？

現状、ＣＳの保護者の代表は、あて職としてＰＴＡ会長さんが出ていることがほとんどですが、ＰＴＡ会長さんはそこで、保護者を代表した意見を言わないといけないですよね。

——それができるといいのですが、現状多くのPTAは、保護者みんなの意見を聞くような取り組みをしていないので、会長さん個人の考えを話すことになりがちでは？

そこで、**学校の外部評価アンケート**というものがあるんです。いまどこの学校でも、年に1回、学校から各家庭に「お子さんは学校を楽しいと言っていますか」といったアンケートをとっていると思うんですが、そこに**自由記述でいろんなことを書いていただく**。そうすると、ＣＳをやっているところでは、そのアンケートを分析して、成果や課題を来年度の学校経営計画に反映させることになっているんです。

――そうなのですか。**保護者は学校の経営計画のことも、アンケートがそんなふうに使われることも、知らないことが多いです。**

そこは先ほども言いましたが、外部評価アンケートに書かれたＣＳや保護者の意見を、校長先生がどう受け止めているかによると思うんですよね。

意見を生かしていきたい、と校長先生が思えば、建設的な意見が出てくるような発信をするでしょう。学校のホームページや学校通信を通じて、教育の基本方針や具体的な教育活動などを具体的にわかりやすく多くの保護者に理解してもらえるようにするし、アンケートの重要性も説明するようになるでしょうね。

だから校長先生はもちろんですが、学校運営協議会委員がＣＳの本質を理解して、その機能を最大限に生かそうと考えていくことが、とても大切になります。

PTAは「CSの一員」という視点

——これからはたとえば、「学校のお手伝い」は地域学校協働活動が、学校に意見を届ける役割はCSが担うとして、PTAは「保護者みんなの声を可視化する」部分を担うのもアリでしょうか？ Webアンケートで保護者の意見を集めたりして。

CSの側から見ると、PTAには「保護者がつくる組織」としての期待がありま す。子どもたちの育ちへの直接的な当事者なわけですから、学校を知ってもらい、たくさんの意見を出してもらいたいですし、ときには熟議を通して対話しながら、学校と相対する団体ではなく「当事者同士」として相互理解をしてもらいたいと思います。

一方、PTAの側からCSを見たとき、自分たちの組織のあり方も含め**「(広義の)CSの一員」という視点で役割を見直してもいい**のかな、と思います。

これからは、CSや地域学校協働活動があることを前提に、多くのPTAが抱えている担い手不足や活動の義務感、そもそも「P」と「T」であらねばならないのかなど、ＰＴＡの困り感をＣＳに投げかけてみてもいいのではないかと思います。

——ＰＴＡの課題も、ＣＳの存在を前提に考えれば新たな解決策が見えてきそうですね。一点どうしても気になるのが、現状のＣＳは、ＰＴＡ会長や役員の経験者しかかかわれない点です。私もそうですが、会長や役員をやれなかった人はＣＳに近づけません。そもそもＣＳの存在自体、一般保護者や教職員にほとんど知られていませんし。

公募とかも、あっていいのかもしれないですね。ＣＳの委員は校長の推薦を受けて、教育委員会が任命しているのですが、多くの校長先生は「この人なら学校の応援をしてくれそうだ」と思える顔のわかる人を選んでいるかと思います。それが保護者の代表としてはＰＴＡ会長さんだったわけですが、これから**ＣＳの基盤がしっかりできてきたら、一般公募を入れる決断もできる**と思うんです。

三鷹市の場合は、風通しをよくするため、委員の任期が最大でも8年と決まっているので、じゃあ次に誰がやるのか、というところで、委員選びをすることになります。

とっぴな人にひっかきまわされないよう、かつ周囲から「独断で選んだ」と

も言われないよう、とりあえずPTA会長をCS委員に任命する校長が多いのは、現状やむを得ないところもあるとは思うのですが。でもそれはやはり、民主的な選び方とは言えないでしょう。会長さんにも負担かもしれませんし、ほかにやりたい人がいるかもしれず。今後は公募も含め、よりよい形が見つかっていくとよいのですが。

PTA会長はあくまで「代表」の自覚を

——あとは先ほどのお話のように、誰がCSに出るとしても、その人が「保護者を代表した意見を言わないといけない」と意識することも大事ですね。

そうなんです。ちょっと話が遡りますが、うちの小学校のPTAって、私がやっていた頃は代表制だったんです。「会長」じゃなくて「代表」。P連の名簿をつくるときも、うちだけ必ず名前の前に「代表」と但し書きを入れるから、名前の文字が小さくなるんです（笑）。これは、代々の先輩から必ず言われていたことでした。

その後、いちいち「代表」というのがめんどうで「会長」に変えようとしたときがあって。そのときたまたま、代表制になった当時のPTA会長だった大先輩に話を聞く機会があったんです。「私たちはたくさんいる保護者の代表なの。たとえば会社の代表取締役のような、ピラミッドの頂点にいる会長ではないんだ」って。会長制だったものを代表制に変えた、すごいこだわりがあったことを知ったんです。「会長」でも「代表」でも、たくさんいる保護者の「代表」という役割を担っていることは、肝に銘じなければいけない。「会長」ということで、なにか自分にすごい**特権が与えられているわけではなく、あくまで「代表」だということ**を自覚しないといけない、っていうことだと思っています。

これも大事な話です。ＣＳがどうこうという以前に、ＰＴＡ会長になった人はみんな、こういった心構えが必要なのでしょう。もちろん「みんなの代表だ」という意識がある会長さんもいますが、「えらくなった」と勘違いする人も実際珍しくありません。Ｐ連も市区町村、都道府県、全国と広域組織になるほど、会長や役員さんは勘違いに気をつけたいものです。

――ＣＳに地域住民が入ることって、どんな意味があるのでしょう？

ＣＳが始まった最初の頃は私も保護者でしたし、地域が入るということに違和感がありましたけれど、いまでは当然のことと思っています。子どもたちは学校のなかだけで生きているわけでなく、大半は地域で生活しているので、その子どもたちをどう育てていくかというのは、地域の問題でもあるわけです。

たとえば、地域学校協働活動で中学校の花壇づくりをしていると、子どもたちが「何やってんの」と言ってきて、「じゃ、いっしょにやろうよ」ってなったりする。そういう、**先生でも親でもない大人がまわりにいるというのは、子どもにとっていい**ことじゃないかなって思うんですよね。

親はどうしても子どもにうるさいことを言っちゃったりするし、先生は最終的には子どもを評価する人だったりするけれど、地域の私たちって、その子が家や学校でどういう子かって、全然関係ないんですよ。目の前で悪いことをしたら「ダメだよ」って言うし、いいことすれば「すごいじゃん」ってほめる。そういう大人がたくさんいることって、子どもたちがいろんな目で見てもらえることになります。

――「親でも先生でもない大人」がまわりに多くいることが、子どもたちにとっていいというのはよくわかります。学校がいう「地域」って、よく「寄付」やお手伝いのリソースのことだったりするので、もやっとしてしまうんですが。

ありますね、「地域のおかげで助かってます」と言っておけばいい、みたいなところ。地域のほうも「学校のためにやってあげている」「だからちょっと特別扱いしなさいよ」みたいな、そういうちょっと貸し借りの関係になりがちだな、とは思います。

私は学校から「助けていただいて、ありがとうございます」と言われると、何が「ありがとう」なの？　と思ったりもします。だから「すみません、**私たちが助けてるのは先生じゃなくて、子どもたちですから**」と言っている。辛口なんです（笑）。

遠いもののように感じられていたCSですが、長くかかわってきた四柳さんのお話を聞いていたら、少し輪郭がはっきりしてきたようです。

校長がもし本当に「外部の声」をプラスに捉えるのであれば、CSはこれまでPTAにはできなかった、一歩踏み込んだ学校への関与を実現するでしょう。それはすばらしいこと。ただし、課題はまだまだ山積みであることもわかりました。

うーん、私のなかでは、また新たな疑問もふくらんでいます……。というわけで、次項でも引き続き、CS（学校運営協議会）について考えてみます。

CSは画期的かPTAの二の舞か?

保護者も教職員も法律を「使いこなす」視点を

岸裕司さん（スクール・コミュニティ研究会代表）

岸裕司さんの著書『学校を基地にお父さんのまちづくり』『「地域暮らし」宣言 学校はコミュニティ・アート!』（太郎次郎社）は、私が約10年前、ＰＴＡのことを調べ始めたばかりの頃に手にした、思い出深い本です。

よくある「母親の苦役としてのＰＴＡ」とはまったく異なり、父親・地域の人たちが自らの意思で生み出す活動や実践はいかにも楽しく、読みながらワクワクしたものです（ちなみに一番はじめに読んだのは、作家・川端裕人さんの『ＰＴＡ再活用論』〈中央公論新社〉でした）。

岸さんが千葉県習志野市の秋津小学校でＰＴＡにかかわり始めたのは、１９８０年代半ばのこと。きっかけは、子どもたちの人気者だった用務員さんの失職だったとか。ＰＴＡの規約改正を行い、次第に地域住民も巻き込んで活動を広げ、やがて

岸　裕司
（きし　ゆうじ）

1980年開校の秋津小学校10年目のPTA会長時に、住民と校区で働く人々を対象にした生涯学習推進の秋津コミュニティの前身団体を創設。以後、埼玉大学や日本大学の非常勤講師、文科省ＣＳマイスターなどを2022年度まで歴任。現在は、2021年に創設したスクール・コミュニティ研究会代表として講演や執筆活動に努める。

岸さんらの実践は文部科学省が進めるコミュニティ・スクール（ＣＳ）の元祖、のひとつとなったのでした。

前項では、これまたＣＳの発祥地のひとつとされる東京都三鷹市の四柳千夏子さんにお話を聞かせてもらいましたが（どっちも元祖ってことで！）、私の疑問をさらに追究するため、岸さんにもお話を聞かせてもらうことに。岸さんも四柳さんと同様、文科省の「ＣＳマイスター」をしています。

ＣＳの何に私がひっかかっているか、事前に伝えていたところ、岸さんはパワポの資料を用意して取材にこたえてくれたのでした。

（2021年5月取材）

CS委員となるのはPTA役員でなく「保護者」

——まずCS（学校運営協議会）に参加する保護者代表が、現状はほぼPTA会長なのがひっかかるんです。そもそも一般の保護者はCSの存在すらほとんど知らないですよね。保護者が選んでいるわけではないのに、代表といえるんでしょうか？

法律（地方教育行政の組織及び運営に関する法律）には、CS委員となる保護者について「対象学校に在籍する生徒、児童又は幼児の保護者」と書かれています。PTA役員、とは書いていません。だから**CS委員の任命では「保護者」と「PTA役員」を切り離す必要がある**だろう、というのが僕の考え方です。

でも、CS委員を任命する教育委員会も、任命に意見ができる校長も、法律に「PTA役員」と書かれているわけではないことを、あまり知らないんですね。

——PTA会長がCSに出る決まりだ、と思いこんでいる人が多いんですね。

もちろん、CS委員になってくださいって言われたPTA会長さんが断ることもできるんです。それで保護者全員に対してCS委員を募って、誰か熱心な人が出てくるとか、そういう事例が出てくるとおもしろいんですけれど。

一方、文科省がつくった図（図3）を見ると、地域学校協働活動推進員のところに「保護者」とは別に「ＰＴＡ」と書いてある。これは問題があります。地域学校協働活動には「放課後、土曜日、休日における学習」など、学校の運営時間外の活動もありますが、ＰＴＡのＴは教職員です。これでは教職員の権利としての休暇が保証されません。

言われてみたらたしかに、です。「保護者」と「ＰＴＡ」を区別してはいるものの、ＰＴＡの

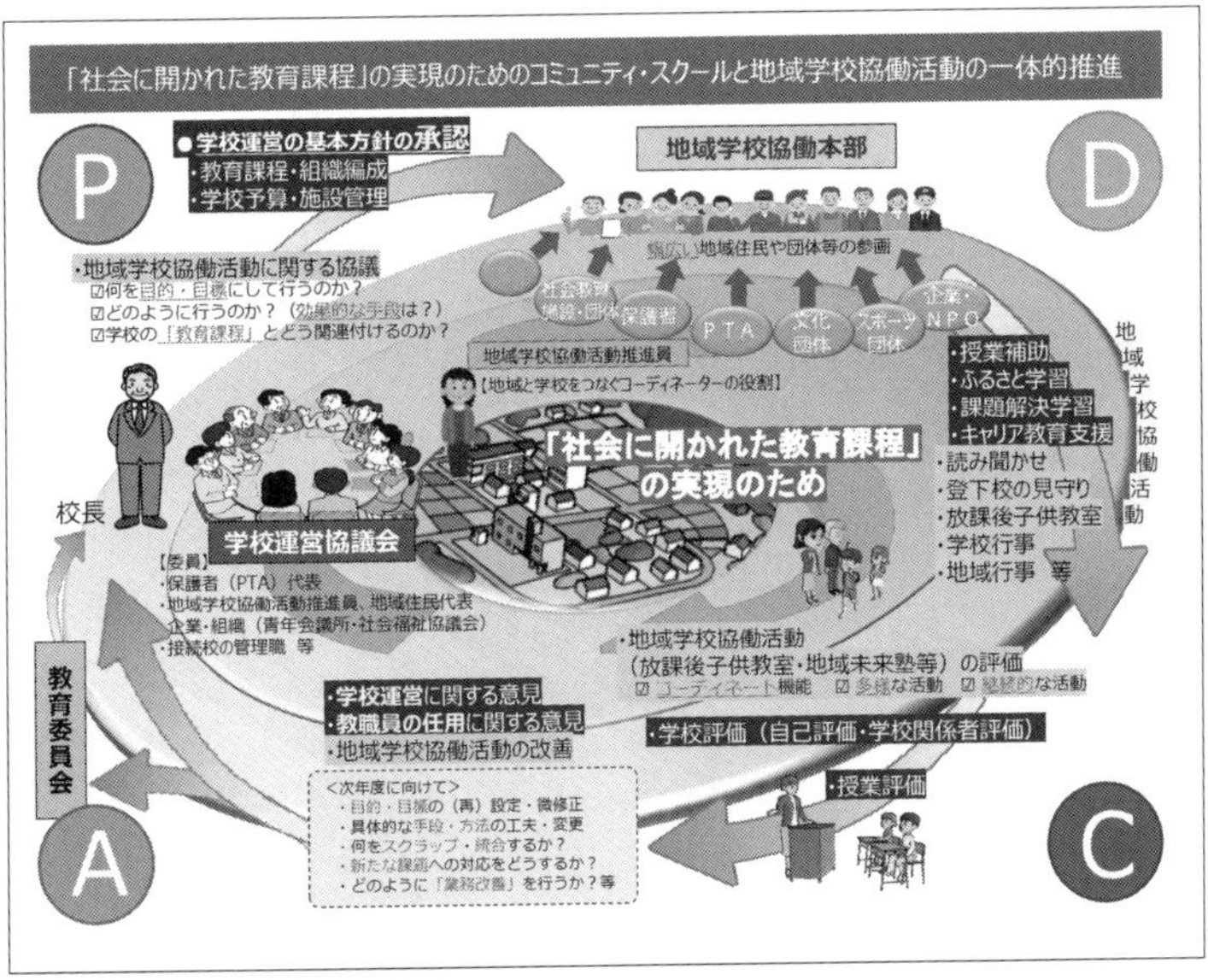

図３　「社会に開かれた教育課程」の実現のためのコミュニティ・スクールと地域学校協働活動の一体的推進

中身を保護者のみと思っているようです。私もときどき失念してしまうのですが「PTAにはTも入っている」ことを思い出す必要があります。

なぜPTAは学校の人事に意見できないのか

これと関連して、CSは法律上「職員の採用その他の任用に関して教育委員会規則で定める事項について、当該職員の任命権者に対して意見を述べることができる」とされている点も、考える必要があります。

というのは、PTAの規約にはよく、終戦直後からの「学校の人事に干渉（関与）しない」といった文言が入っています。ですから、もしPTA役員をCS委員に任命するのであれば、PTAの思想と理念を変える必要があるわけです。

ああ、ホントです。今も多くのPTAの会則には、70年ほど前に文部省が作成した「PTA参考規約」にあった「学校の人事その他管理には干渉しない」といった文言が残っています。それでいて、PTA会長がCSで教職員の任用について意見を述べるのはヘンな話。PTA会長をCS委員にしないようにするのもひとつの解決案ですが、岸さんはそもそも「PTAが学校の人事に意見できない」のがおかしいのでは、というのです。

たまたまだけど、これは僕がPTA役員になったきっかけでもあるんです。子どもたちの人気者だった用務員さんが失職したとき、PTAの規約を読んだら「学校の人事や管理に干渉しない」と書いてある。「任意団体なのに、こんなことが書いてあるのはおかしい」と、僕が規約の改定を提案したんです。

こういったPTA規約の改定を促すことも、教育委員会の役割のはずです。法律上、**CS委員を任命するのは教育委員会**ですから。

よく考えたことがありませんでしたが、これも言われてみたらうなずきます。PTAが学校の人事に意見できたっていいではないですか。私もなんとなく「それはタブー」と思ってきましたが、もしPTAが教職員の人事に発言権をもてていたら、PTAに対する保護者の認識は、いまとはまったく違うものだったでしょう。もし今後も教育委員会がPTA会長をCS委員に任命するなら、PTAのルールの矛盾にも目を向けてほしいものです。

CSを「どう使いこなすか」という発想

——改めて考えると、CSで「教職員の任用に意見を述べられる」ってすごいことだと思いますが、学校の先生たちは嫌がりますよね？

法律には「職員の採用その他の任用に関して教育委員会規則で定める事項について、当該職員の任命権者に対して意見を述べることができる」とあるんですが、このうち「教育委員会規則で定める事項について」という箇所は、2017年の法改定のときに追加されました。

というのは、CS制度を導入しない自治体から「**教職員の任用について意見をいろいろ述べられても困る」という意見が、実はいっぱいあった**から。それで文科省が「配慮」して、議員たちに言って、こういう言葉が入ったんです。

——やっぱり、現場の先生たちの反発が大きいんですね。そもそも「意見を述べることができる」なんて文言もとても不自然です。

CSは教職員にもメリットがあることを、一般教員にも知ってほしいんです。

たとえば秋津小は、県内初のCSだったこともあり、校長が不在のことが多くて、先生たちが駆けずり回っていました。それで「教員が足りない」とCSで市の教育委員会に加配を要望したところ、そのまま県の教育委員会に意見書を出してくれて、県教委が加配を実現してくれたんです。

世田谷区の給田小学校のＣＳは「いまの校長はマネジメント力があるので、もうちょっと留任してほしい」と要望を出して実現しましたし、山口県の萩市のＣＳで「社会教育主事の有資格者教員を配置してくれ」と要望したのも実現しています。三鷹市の第四小学校のＣＳでは、ボランティアに来た教員志望の学生を、教員採用試験の合格後に引っ張ってきた、なんていう例もあります。

要は使い方なんです。何でもかんでも「また文科省が新しい変なことをやりだした」という目で見るのでなく、**「法律は道具。自分たちにメリットがあるようにどう使いこなすか」という発想**をしてほしいわけです。

この点は教員だけでなく、保護者や地域住民にとっても同じでしょうか。ＰＴＡにせよＣＳにせよ、「やらされる」というところから「どう使うか」に発想や視点を変えれば、まったく違う景色が見えてくるのかもしれません。

保護者や地域住民に権限を与えた画期的な側面

——日本にPTAを広めたとき、GHQや文部省はこの国の大人たちに民主主義を学ばせることを意図していましたが、CSにも同じような理念があったんでしょうか？

僕は、そう捉えています。2004年にCSの法律をつくったとき、文科省で開催されたキックオフ・フォーラムで、当時の中教審の副会長だった木村孟《つとむ》さんが「CSは日本に民主主義を根づかせ、地方の考える力をつけるための方策だ」と話しました。最初は「え～」と驚きましたが、よく考えると「なるほど、確かにそうだ」と。

親や住民は学校任せで主体性がないし、学校は民主主義者を育成するための「子どもの権利条約」を学習指導要領にないので教えない。地方は中央志向のおねだり体質です。だから、責任感と住民自治力をつけるためにCS＝学校運営協議会の制度をつくったんだな、と理解できるわけです。

——私もCSの仕組みを見て、「これをつくった人たちは、今度こそ民主主義をやらせたかったんだろうな」という印象は受けました。

僕は、この法律は画期的だと思います。

校長が作成する学校運営の基本方針を承認する、というのがＣＳの必須の役割となっていますから、保護者や地域住民はＣＳ委員になると、非常勤特別職公務員として学校運営の基本方針を承認する義務を負う。承認できない場合は、承認できるまで校長に訂正させるという「権限と責任」をもっているからです。

つまり、1872年に**学校教育制度が始まって以来132年目にして初めて、一般市民である保護者や地域住民が、法的に権限と責任を与えられた**んです。学校と市民が真に協働するパートナーとなり、学校と子どもを育てるということ。

――たしかに、画期的だとは思うんですけれど。でも実際のＣＳの様子を聞くと、「え、それがＣＳ（学校運営協議会）？」みたいなことも、よくありますよね。

最近は「○○型ＣＳ」がずいぶん増えてきているんです。法律に則ったＣＳは、いま全国で約1万8000校あるんですが、地名を冠した「○○型ＣＳ」も約4800校で展開されています（2023年度）。後者は法に則らないもので、文科省はこれを「類似型ＣＳ」と呼んでいます。

たとえば、以前僕がテレビ番組の企画で訪れた地方の小学校も「○○型ＣＳ」を教委から指定されたんですが、規則を見たら驚いちゃった。「協議会は校長が掲げる基本的な方針について協議する」とされている。法律では「承認する」です。

「協議する」なら、以前の廃れた学校評議員制度と同じです。人事権にも一切触れていません。

「〇〇型ＣＳ」というと、いかにも新しいことをやっているように見えますが、内実はむしろ学校管理を強める道具になってしまっている。しかも、法律にもとづかないので校長が替われば協議会が開かれないことだってあり得るし、継続性の保障もまったくない。そういう学校がどんどん増えているので、注意が必要です。

私の念頭にあったのは、主に「ＣＳと言いながら中身が地域学校協働活動ばかり（学校運営協議会が不在ｏｒおまけ）」というケースでしたが、なるほど、学校運営協議会の中身にも、目を配る必要があるわけです。あれこれ油断なりません。

ＰＴＡでできなかったことを、ＣＳでできるのか

――文科省に聞きたかったことを、すみませんが岸さんにお尋ねしてしまいます。文科省はなぜ、ＰＴＡでできなかったことをＣＳでできると思ったんでしょう。民主主義を根づかせようとしたのはいいとして、だったらばこそ、何でまたそれを上

からやろうとするのか。ＰＴＡも最初は民主主義の浸透を目指していましたが、かないませんでしたよね。多くのＰＴＡはいまだに強制加入で、会員の意思を尊重していません。こうなった最大要因のひとつは、おのずから組織が立ち上がるのを待たず、上からの指示でＰＴＡをつくらせてしまったことだと思うんですけれど、なのにどうしてCSもまた上からやるんでしょう。

ＰＴＡにそれができなかった理由は、ふたつあると思うんです。

ひとつは、学制が敷かれた１８７２年から、ＣＳの法律ができた２００４年までの間に、学校任せ、行政任せの保護者と住民が増えたからです。戦後にＰＴＡができて「意見が言える」というくらいのことは、民主主義として理解した人は多いんだろうけど、「主体的に自分が学校に意見を言う」という習慣は一切根づかなかった。一方、近年は税金が右肩下がりの傾向で、住民自治でやってもらいたい思いが、国会議員に増えてきた。その意向に文科省は沿うてきた。そういう背景があったと思います。

もうひとつは、保護者や教職員が、ＰＴＡが発足した理念を学ぶ機会がなかったこと。本来、任意で組織する社会教育関係団体なんだから、所轄する教育委員会が教えてくれないといけないと思います。「任意」というのは「ＰＴＡ法」がないから。

任意の意味を学ばないので、４月に子どもが入学したらいきなりＰＴＡの役員決めでノイローゼになっちゃうなんて、おかしいよね。

つまり、ＰＴＡで民主主義が根づかなかったのは上からの指示でつくらせたからというより、保護者も教職員も教育委員会も「お任せ」体質だったことや、ＰＴＡの理念が周知されなかったことが原因、と岸さんは考えているのでしょう。たしかに、そういう面もあったかもしれませんが、それならＣＳについても発足理念の周知が必要では（その前に存在の周知から始めねばなりませんが）。

それにもし、そういった理由でＰＴＡに民主主義が根づかなかったとして、なぜＰＴＡでそれを改めようとは考えなかったのか？　等々、疑問はつきませんが……。いったん、横に置きます。

——文科省はＣＳや地域学校協働活動を広めるとき、ＰＴＡをどうしたいと思っていたんでしょう？　学校とのパワーバランスの末端で強制に苦しむＰＴＡの母親たちを救おうとしてくれた？

ＣＳの法律づくりにかかわった有識者や議員らは、ＰＴＡをほとんど意識していないと思うんです。法律の文言にPTAが一切ないのは、入れられなかったのでしょうね。PTAって任意団体だから、学校によって、あるところもあれば、ないところもあるから。

そもそも意識すらされていない……。まあそうですよね。そんなものに今もふりまわされ続けている保護者、母親たちを思うと悲しくもなります。実際のところ、ただの任意団体をCSの前提にするわけにもいかないでしょうし、逆にただの任意の団体について文科省が「なくそう」と言うわけにもいかない、というのはわかるのですが。

ただ、今後はP連のなかで「PTAとしてCSをどうするか」ということの議論が、積極的に始まらざるを得ないと思います。最近、文科省のCS所轄の部署が「コミュニティ・スクールの在り方等に関する検討会議」という新たな委員会をつくったんですが、そこに日本PTA全国協議会（日P）の常務理事が入りました。

また2020年の暮れに、自民党が「コミュニティ・スクール推進拡充議員連盟」をつくったので、今後はCSの設置が「努力義務」でなく「義務化」する可能性もありえます。

そういう背景を考慮して、ＣＳとＰＴＡを捉える必要があると思います。

うーむ、そこはどうなのでしょうか。日Ｐの役員が国の検討会議に加わっても、現場のＰＴＡや保護者に影響はない気がします。日Ｐは現場のＰＴＡとはまったく別のレイヤーにあり、保護者や教職員からお金をとっていること以外にほぼ接点はありません（そもそも存在自体知られていませんし……）。

なお、このインタビューの後に出た「ＣＳの在り方等に関する検討会議」の最終まとめ（２０２２）を見る限り、ＣＳの設置義務化という話は出ていないようです。

今後ＣＳがどこまで広がるのかわかりませんが、やるからには意味のあるものになるよう、かつおかしな方向にいかないよう、議連の動きも含め、気をつけて見ていくことは必須でしょう。

ＰＴＡからＣＳのことまで、私のなかにたまっていたもろもろの疑問、モヤモヤを文科省の代わりに（？）受け止めてくれた岸さんに、改めて感謝です。

PART 3

「保護者の権利」という視点でみる学校とのかかわり

〝保護者〟はそもそも何を保護？
欧州の学校で保障される保護者の関与

リヒテルズ直子さん（教育・社会研究家）

「外国の学校における保護者と学校の関係についても、取材してみませんか？」

連載が後半にさしかかった頃、岡本さんがこんな提案をしてくれました。日本のＰＴＡで、保護者が学校や地域、行政の「お手伝いをさせられている」ことを問題視する私に「別の視点を」と思ったのかもしれません。保護者の義務でなく「権利」という面から考えたとき、保護者と学校にはどんな関係がありえるのか？　私もそんなことが気になっていました。

そこで取材をお願いしたのが、オランダ在住の教育学者・リヒテルズ直子さんです。岡本さんいわく「オランダの教育では保護者が学校に参加するのは当たり前。背景を聞いてみては？」とのこと。

「参加」といっても、日本のそれと、中身が違うのでは？　お手伝いじゃなくて、話し合いなら全然別だよね、と思いましたが、なかには「備品の整理」など、日本のＰＴＡがやる「お手伝い」に近いものもあるようです。え、そうなのか。

うーん、迷いました。おそらく今の日本とはまったく違うベースの上に成り立つ「お手伝い」、あるいは「学校への参加」は、実際よいものなのかもしれません。でもそれを日本でただ紹介すれば、「やはり保護者は学校のお手伝いをするべきだ」というおなじみの「いい親像」に回収され、保護者、実質母親の負担を増してしまう気がします。

でもやっぱり気になるは気になる。

オランダや欧州では、なぜ「保護者の学校への参加」が当たり前とされるのか？

リヒテルズ　直子

（リヒテルズ　なおこ・Naoko Richters）

九州大学大学院で教育学（修士課程）と社会学（博士課程）修了。マレーシア、ケニア、コスタリカ、ボリビアに通算15年在住後1996年よりオランダ在住。オランダの教育制度、特に教育の自由、イエナプラン教育、シチズンシップ教育、性教育などについて著書・論考多数。グローバル・シチズンシップ・アドバイス＆リサーチ社代表。日本イエナプラン教育協会特別顧問。著書に『イエナプラン実践ガイドブック』（教育開発研究所）等。

それは誰にとって、よいことなのか？　欧州のそれと日本のそれは、何がどう違うのか？　せっかくの機会なので、お話を聞かせてもらうことにしました。

（2022年3月取材）

学校の外に置かれた日本の保護者

——日本では、PTA（保護者）に対する学校のスタンスは「口出しせず、お金とお手伝いだけよろしくね」ということが多いです。欧州の学校では「保護者に発言権がある」という点に驚きますが、どんな背景があるんでしょうか。

欧州の教育は、第二次世界大戦後の辺りから、「市民形成」ということに主眼を置くようになりました。子どもたちを市民として育てるためには、子どもたちに自由を与え、主体的に、責任を持てるように育てる必要があります。そのためには、**学校にかかわる大人たち自身が、それぞれの自由を尊重され、責任を持ってかかわれる仕組みが必要**です。

一方、米国には『民主主義と教育』『学校と社会』などを著し、学校は民主的市民を育てる場であることを強調したジョン・デューイという教育哲学者がいますが、彼は「学校共同体」を提唱し、そこでの保護者の役割を重視しています。

デューイらに影響を受けた20世紀初頭の「新教育運動」でも、保護者の学校参加はしばしば重視されています。「新教育運動」とは、産業化や都市化によって、それまで子どもたちの社会性や情緒の発達に重要な役割を担ってきた伝統的共同体が崩れたときに生まれてきたものです。人間形成の重要な一部である社会性や情緒の発達を支えるために、学校が新たな共同体としての役割を持つと考えたのです。

教育者だけでなく保護者もいっしょに学校共同体を支え、この学校共同体を基盤に、大人（教員と保護者）と子どもが市民としての行動を学ぶのです。

――**保護者は学校共同体の一員、という感覚がよく根づいているのですね。**

ところで、私たちは「保護者」という言葉をもう一度見直す必要があります。なぜ保護者と呼ぶのか。何を保護しているのか。

保護者が保護しているのは「子どもたちの権利」です。

未成年の子どもたちは、自分で自分の権利を守れないので、「保護者」が代わりに自分の子どもの権利を守るのですよね。つまり自分の子どもを守る一番の責任は、学校ではなく保護者にあるのです。**自分の子どもが本当に人として大切にされているかに目を光らせる責任は、保護者にあります。**

日本のなかで「保護者」というのは、学校の外に置かれています。「学校のことは学校の職員がやることであって、保護者は外にいるべきものだ。何か言ってくるのは、専門家に対する無理な要求で、お前たち保護者は、学校のことを知らないだろう」、といった対立感情が、ものすごく長い時間の間に生まれてしまっていると思うんです。

保護者が保護するのは子どもたちの権利——とてもハッとする言葉でした。何を保護するか、など考えたことがありませんでしたが、言われてみれば「子どもの権利」に違いありません。その後、私はいろんな場面で、「保護者が保護するのは子どもたちの権利」ということの言葉を思い出すことになったのでした。

保護者と教職員が協働できる欧州の法制度

——欧州の保護者と学校の関係は、たとえばどんな制度にあらわれていますか?

欧州のほとんどの国では「学校運営への保護者の関与」が法律で保障されています。オランダの場合は、法律ですべての学校に「学校経営参加評議会」(以下、評議会）を設置することが義務付けられています。評議会は、**互選で教職員と保護者が半数ずつで構成**します。16歳（高校生）になると、保護者ではなく生徒自身が直接参加します。

評議会法の要点はふたつあります。ひとつは、学校は保護者に対し「**情報公開の義務を持つ**」こと。どういう理念で教育を実施しており、そのためにどんなカリキュラムや教材を使い、どう教育を組織しているのか、等、数多くの情報を、保護者をはじめ一般社会に公開していなければなりません。また学校経営について保護者が説明を求めれば、学校はそれに応じなければなりません。

もうひとつは「**経営者の決定を保護者や教職員が保留できること**」です。評議会法では、評議会に対して「同意権」と「勧告権」を認めています。

「同意権」は、経営者（理事会や自治体）が決めたことでも、評議会が可決しなければ実行できないというもの。項目は「教育目標」「規則」「苦情手続き」など、教育理念の根本にかかわるものの決定です。

「勧告権」は、経営者の決定方針に対して、審議やり直しを請求できるもので、たとえば職員や学校管理職の「**採用と罷免**」**には**「**勧告権**」**が付帯**しています。

日本では、自治体や理事会が人事異動を決めますが、オランダではこの権利があるため、教職員や保護者はそれを拒否できます。たとえば、市が優れた人材として認めた教員の採用を仮決定しても、評議会が何らかの理由をあげて反対すれば、自治体や理事会はそれを受けて再検討し、最終決定について説明ができなければなりません。

罷免も同様で、自治体や理事会が罷免したくても「この先生はとてもいい先生で替わってほしくない」という意思を評議会が示せば、決定は撤回される場合があるのです。

このように、**保護者や教職員が経営者に向けて苦情や不満などを示す権利が法律的に守られている**結果、**教員と保護者が上下や内部・外部の関係ではなく、平等な「市民と市民の関係」に立って、子どもたちの教育を双方から共に考え議論することができる**ようになるのです。

欧州にはこのような仕組みが、ほとんどの学校にあります。**学校と保護者が協働すれば、行政による一方的な管理的指示に抵抗できます。**子どもにとって、行政管理の言いなりになり、教員と保護者とが対立するのではなく、両者が協力して自分たちの権利を守ってくれている姿こそが大切なのです。

ところが**日本には、現場の職員や保護者が「子どもの権利の保護という義務を**

負っている人」として行為できる法的な仕組みがありません。学校運営の決定権が行政や理事会にあるため、教職員も現場の状況に合わせて柔軟にやり方を変えられず、それを見ている保護者にも不満がたまる。子どもにとっては、大人社会が二つに分かれた嫌な関係です。

欧州では保護者と教職員が横並びで協働できる仕組みが、法律として整えられているわけです。前章で見てきたように、日本でもいちおうコミュニティ・スクール（CS＝学校運営協議会）が始まり、保護者や地域住民の発言権がうっすらと確保されようとはしています。有効に機能しているケースはまだあまり多くなさそうですが、それでもゆくゆくはオランダなどのように、子ども自身の参画や、学校の人事に保護者の意見が反映されることなども、可能になるのや否や。

民主社会では、市民は「自由」を認められているとともに、その自由を使い、自分で選んだ行動や決定に対する責任も問われます。

学校に限らず、一般に日本の組織は上からの管理がたいへん強く、職員の自由度がとても低いです。にもかかわらず、何か問題が起きると管理職者たちは職員に

「責任」だけを問います。しかし、責任とは自由に選択して判断する権利が与えられている時にこそ、問われても意味のあるもので、自由のないところで「責任」だけを問われても、誰も本気でその責任を果たそうとはしません。

ですから、教職員にも保護者にも発言権（自由）のない制度では、両方に不満ばかりがたまり、誰も本気で責任を取ろうとはしなくなってしまうのです。


――日本は保護者だけでなく、先生たちも発言権＝自由がないのですね。


学校は何のため、誰のためにあるのでしょうか。子どもたちのニーズに合わせることなく、つまり、子どもたち一人ひとりの発達に即して必要な指導を保護者と教職員とが共同して提供する仕組みがなくて、子どもたちは本当に幸せになれるのでしょうか。

競争や管理は、ごく一部の子どもたちをふるいにかけて成功させることはできるかもしれません。でも大半の子どもたちは、自分らしく成長し、自分らしく生きる権利を奪われます。そういう子どもたちは、将来本当に民主的な社会を支えるようになるでしょうか。そうして育ってきた大人たちは、この社会を本当に自分たちが支えなければならないと思っているでしょうか。

オランダをはじめ、**欧州の国が持っているこういった保護者権利の意味を「単に**

文化が違うから」と片づけるのではなく、「日本の教育は本当に民主社会をつくるためのものか」と考えながら見直してほしいと思います。

「お手伝い」と「豊かなリソース提供」の違い

――オランダの学校では、図書の管理や子どもたちの料理教室の補佐などを、保護者が学校に来やすくするための「メニュー」として用意しているそうですね。日本だとそういった作業は「学校の人手が足りないから保護者にお手伝いしてもらう」という印象が強いです。オランダも実は同じだったりはしないのでしょうか？

現実には、そうかもしれないです。しかし、日本では保護者を「保護者」という言葉で言いくるめてしまってはいないでしょうか。「保護者」は皆、それぞれ異なる得意・不得意を持ち、異なる職業についている豊かなリソースです。なぜ、それを子どもたちみんなのために積極的に利用しないのでしょうか。

オランダの学校では、非西洋の国々から来ている移民や難民の保護者にも積極的に学校参加を促します。それは、国が率先して学校を「共同体」と捉え、子どもたちが社会のさまざまな成員によって育てられることを重視しているからです。

「お手伝い」なのか、「豊かなリソースの提供」なのか？　言い方で印象がまったく変わります。日本でも、保護者によるお手伝いはいつも「子どものため」「保護者自身の学びのため」など、美しく言い換えられてきました。やっぱり同じなのでは……？　ただし、オランダと日本で確実に違うのは「本人の意思によるものかどうか」というところ。保護者自身の意思による手伝いなら「豊かなリソース」になっても、「学校やＰＴＡに言われたからやる」のだと「人手が足りないから手伝う」にしかなり得ないのかもしれません。

――ちなみに、お隣のドイツの学校も、保護者の関与が法制化されていると聞きます。そのドイツで教育を受けた、著述家のサンドラ・ヘフェリンさんは「日本のように平日日中に保護者を学校に来させるなどドイツではあり得ない」と話していました。オランダでは、平日日中の「保護者メニュー」に反発はないんですか？

　それは、オランダ人の働き方が欧州の他の国に比べてたいへん異なっているからだと思います。オランダの労働者は働く時間を選べます。パートタイムでもフルタイムと同じように正規雇用者として有給休暇や社会保障などの労働条件に差がないからです。

その結果、小さい子のいる家庭では、父親が週に4日、母親が週に3日働くという形で、両親のどちらかが家庭にいる日が、週末以外に週に3日ほどあるのがふつうです。大企業の管理職者や医者など専門職者でもそうです。

ですから、いろいろな職業についている父親や母親が気軽に学校参加しています。

おお、それはずいぶん大きな違いです。日本だってもし、父親も母親も関係なく好きなとき休みをとれる生活になれば、「学校の手伝いに行かねば（ため息）」ではなく、「子どもの様子を見がてら、保護者メニューに参加してみよう（わくわく）」が増えそうです。

何しろ、単純に比べられないわけです。歴史的な背景も違えば、そこから来る考え方も違うし、制度や働き方の違いもある。でも、「だから日本では無理」と諦めるわけにもいきません。それなら日本ではどういう形を目指せばいいのか？

「保護者」という言葉の意味、保護者が学校にかかわることの意味を、われわれは根本から考える必要があるのでしょう。

何度でも問う「PTAは何のため」
学校は保護者を巻き込み「つくり手」に

苫野一徳さん（熊本大学大学院教育学研究科准教授）

公教育とは、民主的社会を支える「自由な市民」を育成し、「自由な社会」を実現すること——。哲学者で教育学者の苫野一徳さんが、著書などでくり返し伝えてきたことです。

苫野さんが示す公教育のあるべき姿は、私が取材を続けてきたPTA改革（PTAそのものではなく）と、まさに重なると感じていました。PTAで泣く人が出なくなるように運営方法を改めるプロセスは、民主的な社会をつくる努力そのもののように思えます。

あるとき、苫野さんも実は「PTA副会長をやったことがある」という話を教えてもらい、これはぜひ「保護者と学校の関係」をどう考えているのか聞かせてもらわねばと思い、取材をお願いしたのでした。

（2022年7月取材）

対話を続ければ学校文化は大きく変わる

――保護者と学校の関係、どうあるとよいのでしょうか？

たくさんあるんですが、いま私が一番関心があるのは、「先生同士、保護者同士、先生と保護者、そして先生と子ども、先生と保護者と子どもの、対話を通した合意形成の場があまりにもない」というところです。

民主主義の根幹は対話を通した合意形成です。いかにして、対話を通した合意形成の場を学校内にインストールしていくか、というところを考えています。

いろんな学校とご一緒してきて、私のなかで確信になっているのは、**対話の文化**

苫野　一徳
（とまの・いっとく）

熊本大学大学院教育学研究科准教授。早稲田大学大学院教育学研究科博士課程修了。博士（教育学）。著書に『どのような教育が「よい」教育か』『教育の力』『愛』（講談社）、『勉強するのは何のため？』『学問としての教育学』（日本評論社）、『はじめての哲学的思考』（筑摩書房）、『「学校」をつくり直す』（河出書房新社）、『NHK100分de名著 苫野一徳特別授業 ルソー「社会契約論」』（NHK出版）。

や仕組みがしっかりインストールされ、意識的に行われている学校は、ほぼ例外なく「いい学校」だということ。反対に、それがない学校はほぼ例外なく「よくない学校」だと思います。根っこの対話ができていないから、表層の部分だけで対立するんですよね。

――校長先生次第のところが大きいんでしょうか。

ほんと、基本は管理職がそれをやらなければいけないんですが。でもたとえば小学校なら、研究主任として対話型の校内研修をする、ということをされている方々もいます。校内研修って、決められた内容でやっていると「やらされ仕事」になりがちなんですが、そうじゃなくてもっと根底のところから、対話を通して学校・授業づくりをやり直していこうということ。

そういう研修のとき、私はいつも「青臭い対話から始めよう」と言うんです。「なんで先生になったのか」「どんな先生になりたいか」といったことを話して、お互いを知り合う時間をもつ。お互いを知らなかったら、深い対話などできるはずもないので。「こんなことを言ったら変に思われるかな」などと警戒し合ってしまう。

そうやって関係がほぐれてきたら、次は「最上位目標の合意をする」というプロセスです。「どんな学校にしていきたいか」「この学校で最も大事にしたいことって何だろう」ということを、対話を通して見出し合っていく。学校目標を校長から下ろすのではなく、みんなでつくりあっていきます。

たとえば「自立と尊重」のようなキーワードが出て、合意されるかもしれません。重要なのは、ちゃんと合意すること。そのうえで「じゃあ、この目標のために何をどんなふうに進めていこうか」といっしょに考えていく。

そうすると**「自分たちがこの学校を主体的につくり合っている仲間なんだ」という感じ**がすごく出てきて、学校文化がものすごく変わるんです。

——なんだか楽しそうですね。

保護者でも、そういう対話をやっている方はいます。私の知り合いは、たとえば木村泰子さんの本を読む読書会を開いて、みんなで対話をしています。うまくいくと輪が広がって、先生や子どもたちが加わったりもする。私はそこに希望を持っています。

だからやっぱり**「何を目指すんだっけ?」とか「何が一番の目的なんだっけ?」ということを意識して、合意する。**常にそこに照らして「じゃあ、どうしよう?」ということをやらないといけない。これは哲学なんかだと基本中の基本なんですが、われわれはこういう「本質の共有を通した合意形成」を、あまりにも経験してこなかったんですよね。

――私も「合意形成」と聞くと「こりゃむずかしそうだぞ」と思ってしまいます。

宮台真司さんが、よく「日本は任せてブーたれる社会だ」と言われます。自分は責任を負いたくないから誰かに任せて、でもその結果に対しては、いつも文句ばかり言っているという。ＰＴＡなんて、まさにそれですよね。

耳の痛い言葉です。長い間、家庭やPTAで母親たちが強いられてきた「黙って耐える」よりは「ブーたれる」ほうがずっとマシだと私は思うのですが、より前に進むためには、泰子さんが言うところの「文句の代わりに意見を言う」（40頁）が必要でしょう。

「任せてブーたれる」は、国民性もあるかもしれませんが、「単なる経験不足」というのもすごく大きいと思うんです。やっぱり子どものときから、対話を通した合意形成を経験できるといい。「対立を過度に恐れる」のも、私たちの練習不足からだと思います。

実は、そんなにむずかしいことじゃないんです。常に「あれ、これは何のためにやるんだっけ?」と問うという、それだけなんです。「この行事は何のためにやるんだっけ?」「この活動は何のためだっけ?」と問うていると、だいたいみんなが納得できるような「最上位の目標」というのが見つかります。

この目的の共有ができないと、負担の押しつけ合いとか、なあなあで決めるとか、多数決で安易に少数者を排除して決めちゃうとか、そういうことに陥ってしまう。**上から目的が降ってくるのもよくなくて、「みんなで考える」というのがすごく大事です。**

何人かの方が、常に「何のため? 何のため?」っていう問いを、手放さなければいい。問い続けていると「また言ってるよ」って言われたりもしますが、おもしろいもので癖になるんですね。「やっぱりちょっと『何のため?』って考えなきゃね」みたいな感じで。

前例踏襲で動いていることが多い学校みたいな組織は、要所要所で「何のため」を考えていくことが、本当に大事です。どんな組織も「何のため」を意識していればちゃんと活性化するし、逆にこれをせずして組織が変わるはずがないということです。

おお、それくらいなら私たちにも始められるかも、という気になります。PTAでも、それ以外の場でも、「なぜ、それをやるのか？」という問いをくり返していくだけでいいということ。PTAはよく前例踏襲に陥りがちですが、「何のため？」と目的を考えることが癖になれば、このドツボからも自然と抜け出しやすくなるのでしょう。

「子どものため」を何段階か深める

――苫野さんもPTA役員をされたときは、「何のため」を言い続けたんですか？

ＰＴＡ役員は、私は1年だけだったので。それこそ私もよく知らないまま、お誘いを引き受けたんですが、やることがあまりにも多くて、物理的にも時間的にも「もうこれは絶対無理だ」と思い、1年で辞退させていただいたんです（苦笑）。

「これはまずいだろう」ということもありましたが、それもやっぱり「何のため？」を考えていれば「とくに理由はないよね」という話になり、なくなっていくと思うんですね。本来の目的に立ち戻れば、要らないものはどんどん断捨離できるし、「やりたい人がやればいい」という話にもなるでしょう。

うーん、そうだったらいいのですが。現実とのギャップに私が困惑していると、「PTAで『何のため』というと、だいたい『子どものため』ということになって、そこから強制力が発生することもありますね」と、岡本さん。そうなのです、PTAはいつも「子どものため」というキラーワードを掲げ、やらない人を責め立ててきたのです……。すると、苫野さんはさらなるアイデアをあげてくれました。

その**「子どものため」も、何段階か深める必要がある**と思うんです。「子どものためって、どういうこと？」という対話をする。お互いを知り合ういい機会にもなります。

それから「いまやっていることを目的に照らして振り返る」というプロセスも必要だと思います。「いまこんなに私たちの負担が大きいけれど、これは本当に子どものためになっている？」という対話をする。こういうプロセスも現場ではあまりないと思うんです。

まずは執行部が、ちゃんと対話する必要があると思います。ちゃんと目的を合意、共有したうえで保護者と共有していく。何でもかんでも、何百人もの保護者みんなで話し合え、というのも無理な話なので。もちろんそのときは、一方的に話を下ろすのではなく、常に「どうですか、これは合意できますか」と話し合うこと。面倒にみえますが、これが実は一番の近道ですよね。

それから、いきなり「PTAは何のため？」と考えるのはちょっとテーマが大きすぎるので、**小さいところから始めていくのもいいと思います**。イベントや活動ごとに「これってそもそも、なんで始まったんだっけ？」「何のために、これはあるんだっけ？」というところから始めていく。そういうのを癖にすると、ずいぶん変わってくると思うんです。

保護者も「自分たちが学校のつくり手」

保護者にとって、学校とかかわるためのなんらかの組織は必須だろう、と私は思います。

やっぱり日本人は、学校にせよ社会にせよ「上からあてがわれるもの」という意識が強すぎる。でもそれって、まったく違うんですよね。本来、自分たちの学校であり自分たちの社会なんだから「自分たちでつくる」というのが大原則なわけです。ここがストンと抜けてしまっていると思うんです。

たとえば教育委員会の制度も「自分たちの地域の学校は自分たちでつくる」ためのものです。**「自分たちの地域の学校は自分たちでつくるんだ、保護者も子どもたちも先生たちも、学校のつくり手なんだ」という文化をつくっていく**ことが、いま本当に喫緊の課題だと思います。「上からあてがわれるもの」という意識は、もうやめようよと。そのためには、保護者もなにがしかの形で学校にかかわれるチャンネルを、少しでも多くもっているほうがいいと思います。

「自分たちでつくるという意識が抜け落ちがち」という指摘も、本当にそうです。ただ、これまで保護者は学校で発言権を与えられず、言われたことを「従順」にやることばかり求められてきたので、当然だろうとも感じます。ちなみに、私は保護者の団体を「必須」とは思いませんが、「ないよりはあったほうがいい」と思っています。

ＰＴＡは（学校等の）「下請け」みたいな意識が働いてしまいがちですが、「自分たちがつくり手だから」というところに立ち戻らなきゃ、と思いますよね。そのためにはやっぱり「何のため？」を問い直してみようと。そうしたら、変われる可能性が出てくる。逆にそれを問い直さなければ、いつまでたっても変われるはずがないのです。

先生と保護者が対立構造になったり、顧客とサービス提供者みたいな関係になったりすることが多いのが、本当に大きな問題だと思っています。やっぱり「いっしょに学校をつくり、いっしょに子どもたちを育てる仲間だよね」という関係をつくらなければいけない。

学校はいろんなことを決めるにあたって、どんどん保護者を巻き込んでいくといいと思うんです。校則の見直しでも行事の見直しでも、「参加したい保護者はどんどん来てください」と言って、いっしょにやっていくということ。

保護者側はたぶん、こういった機会を歓迎する人も多いのでは。以前私もＰＴＡの委員会活動で「修学旅行の旅行会社のプレゼンに立ちあう」という機会を一度だけもらったのですが、このとき委員の参加率は過去最高（１００％）でした。こういう「意見できる」系の活動は、現状のＰＴＡでは非常に珍しいのですが、「保護者はみんな、こういう機会を求めていたんだな」としみじみ感じたものです。

できるところからやればいいと思うんです。総合的な学習の時間に、保護者が自分の仕事のスキルを提供して授業づくりに入っていくのもいいし、教職員と保護者で「対話の会」みたいなものを開催するのもいい。

もしかしたら、多くの現場の人からすると非現実的に聞こえることもあるかもしれませんが、「できるんだよ」ということは、訴えていきたいと思います。

「いっしょに学校をつくる」という意識は、私を含めた保護者に欠けがちな点で、考えさせられます。

これまでの学校における保護者のポジション（お金だけ出して、口出しはしないでね）からすれば当然とはいえ、「このまま学校が変わるのを待っていても、埒が明かない」ということも、みんな薄々わかってはいるのです。だとしたら、われわれ保護者から先に「いっしょに学校をつくる」を始めるしかないでしょう。

ただし、その「いっしょにつくる」が、これまでＰＴＡがやってきたような「学校のお手伝いと『寄付』」に落とし込まれてしまうのも違うはず。「子どもの権利を保護する者」として保護者が「学校をつくる」に参加できる、そんな地点に到達できたらいいなと思います。

保護者も「学校の一員」に
校則の見直しに保護者を巻き込む理由

遠藤洋路さん（熊本市教育委員会教育長）

２０２０年、コロナのパンデミックにより全国の学校で休校が続いた折、いちはやくｉＰａｄによるオンライン授業をスタートさせたのが、熊本市でした。２０１７年の熊本地震から着々と準備を進めてきた結果だったそうですが、あのときは全国の保護者たちが「熊本市、いいな」とうらやんだものです。

今回お話を聞かせてもらうのは、その熊本市の教育長、遠藤洋路さんです。文部科学省の生涯学習局に勤務した後に起業し、それから熊本市で教育長になった遠藤さんは、保護者と学校の関係をどうみているのでしょうか。

（２０２２年10月取材）

保護者も「学校の中の人」として扱う

「保護者と学校の『これから』を探す旅」（『教職研修』での連載名）、ということですが、「学校」というのは教職員のことですか？

――はい、その意味で使っています。

保護者も、学校の一員だと思うんですよ。学校って先生だけでなく子どももいるし、保護者も学校の構成員だと思うんですね。学校現場イコール教職員のことだ、という発想がおかしいと思って。だから校長も「教員の長」ではなく「学校の長」。児童・生徒や保護者も含めた学校という組織の代表者として、全体をマネジメント

遠藤　洋路
（えんどう　ひろみち）

東京大学法学部卒業、ハーバード大学ケネディ行政大学院修了（公共政策学）。文部省（現文部科学省）に入省後、熊本県教育庁社会教育課長、内閣官房知的財産戦略推進事務局総括補佐などを経て、2010年に退職。同年に青山社中株式会社を起業し、共同代表に就任。2017年から現職。2022年から兵庫教育大学客員教授を兼任。著書に『みんなの「今」を幸せにする学校』（時事通信社）等。

するのが校長の仕事です。

学校に正式に在籍しているのは子どもですけれど、保護者というのは子どもの親権者、つまり法定代理人ですよね。だから部外者ではない。学校に所属している子どもの権利の一部を行使しているわけなので、**保護者は法的に学校の一員と言っていいんじゃないかなと思いますし、学校の一員でいてほしい**と思いますね。

「保護者も学校の一員」というのは、保護者にとってはありがたいような、ちょっと驚くような位置づけかもしれず。「PTA」という言葉はよく「保護者」と同義で使われ、教職員が含まれていることが忘れられますが、それと同様でしょうか。「学校」にも「PTA」にも、そういえば教職員と保護者の両方がいるのです。

だから**教職員も、保護者を「学校の外の人」として扱うのでなく、「学校の中の人だ」と意識することが必要**なんじゃないかと思います。熊本市で今進めている校則の見直しも、教職員と子どもと保護者が参加して議論する仕組みです。保護者も「学校の中の人」として全体を考えることが必要なのではないでしょうか。

――熊本市では、保護者が校則について正式に意見できる場があるのですね。それは保護者としてうれしい話です。**でも最初は、とまどう保護者も多かったのでは？**

　そんな急にはできませんよね。なぜ校則の見直しで保護者が大事かというと、制服でもカバンでも髪型でも、お金を出すのは保護者なわけですよね。「制服はこれ」「靴下は黒」などと決まったら、保護者はそれを買いに行きお金を払わなければならない。だから実質的には保護者が、子どもたちの次に影響を受けるわけです。

――あ、本当ですね。そう言われてみたら、意見を言えないほうがおかしい気が。

　ただ、校則の見直しにあたって全保護者と子どもと先生にアンケートをとったら、保護者は「(校則を)知らない、わからない」という回答が圧倒的に多かったんですね。一部には、校則や学校運営に非常に関心が高く、いろいろな意見や要望をされる保護者もいらっしゃいますが、多くの方は無関心なので、まずはそこを変えていきたいと思っています。

「校則をホームページで常に公開してください」「十分な情報提供をしてみんなで議論しましょう」と言っているのは、保護者も「自分が学校をつくっている一員なんだ」という意識をもっていただきたいからです。

これまで保護者に発言権が与えられてこなかったことと、保護者が「お任せ」

体質で無関心であることは、セットでしょう。でも、遠藤さんが教育長を務め、苫野さんが教育委員を務める熊本市の教育委員会では「学校は保護者の声を採り入れる必要がある」とはっきり認識されており、実際にそういった仕組みを整えているのです。こうなると保護者の意識も変わってきそうです。

子どもも保護者も身につけてほしい力がある

ただ、最初からはうまくいきません。保護者も子どもも教職員も、みんな十分に話し合いができたか、納得しているのか、どんな反省点があったか、ということを出してもらったら、どの学校もいろいろ不十分な点はありました。「せっかく参加したのに全然自分の意見は聞いてもらえなかった」と思っている保護者の方も多々いらっしゃるんですよね。

でも最初からうまくいかなくても、それは当たり前かなと。毎年それをくり返すなかで改善、成長していく。そこに保護者も参加してほしいな、ということです。

——校則見直しのアンケートでは、無関心な保護者が多かったとのことですが。

「自分の関心をもっている事柄に、世の中のほとんどの人は無関心である」という前提から出発しないと、物事って変えられないんですよね。

たとえば「私は学校の髪型の規則が厳しすぎると思うから、みんなで話し合いましょう」と問題提起する子どもがいたとします。そのとき、多くの人が「別にどっちでもいい」と思っているのが現実です。そこからどうやって自分のやりたいことを実現していくか、というのがまさに民主主義であり、政治であり、リーダーシップなわけです。子どもの頃から、そういう厳しい現実も含めて学んでほしい。

いま私たちが目指すのは「豊かな人生とよりよい社会」であり、それを実現するために子どもたちに身につけてほしいのは「自ら考え、主体的に行動できる力」なんですよね。それをもう少しかみ砕いて言うと、「いろんな制約があるなかで、なんとかして自分のやりたいことを実現していく力」なんです。

自分のやりたいことをやろうと思ったら、どんな立場でもいろんな制約がありま す。大塚さんの立場でも、私の立場でも、学校の先生の立場でも、校長先生の立場でも、政治家の立場でもそうです。「こういうことがしたいけれど、あの人たちを説得しなきゃいけない」というのはどの立場になってもある。そのなかで、なんとかうまく自分のやりたいことを実現する力が一番、これからの世の中を生きていくために大事だと思うのです。

その力は、子どもたちにも、保護者の方たちにもつけてほしい。「もう大人になっちゃったから」と諦めず、いまからでもそういう練習をして、よりよい社会をつくれる力をつけていただけるといいなと、私としては思っているということですね。

社会に働きかけ自分のやりたいことを実現する術を、子どもたちだけでなく大人たちにも身につけてほしい。遠藤さんは校則の見直しを、そんな生涯学習の場としてとらえているようです。その意味では、PTA改革も生涯学習にうってつけの題材かもしれません。

実現したいことのために仲間をどうつくるか

――保護者はこれまで学校のやり方に疑問があっても、言えば「モンペ」と言われるからと口を閉ざしてきた人も多いと思います。

「モンペと思われる」というのは、他の人はそんなことを言っていないのに、自分だけがおかしな要求をしていると思われる、ということですよね。

それなら、他の保護者の人たちにいかに問題意識をもってもらうかが大事なのでは。私なら、一人で言うのではなく、「仲間をどうつくるか」というところから考えます。**個人的な利益のために言っているわけでなく、この学校をよくするために、みんながそう思っている、という構図**にいかにして持ち込むか。

それをやるのに一番便利な道具がＰＴＡではないのですか。ＰＴＡの意見として学校に言えば個人的な要望とはとられず、「そんなこと知りません」とはなりづらいのでは。ＰＴＡでなくてもいいのですが、使いやすい道具としては、そういうのもあるのかなと思います。

これも、大事な指摘です。何か変えたいことがあるなら「仲間をつくる」ということを、われわれは確かにもっと真剣に考えたほうがいいのでしょう。PTAでそれをやるのかどうか、ということについては、ちょっと長くなるので、後でまとめて書きます。

なぜPTAは社会教育関係団体と呼ばれるのか

——ＰＴＡは「社会教育関係団体だから」とある種の権威付けをされることで、ときに強制を生んできた側面があると思います。以前、文科省に「PTAが社会教育関係団体である根拠は何か?」と問い合わせたら「とくに根拠はないが、社会教育関係団体の定義にあてはまるなら社会教育関係団体といえるのでは」という回答でした。文科省で生涯学習局にいた遠藤さんは、PTAを社会教育関係団体だという説をどう思いますか?

PTAは社会教育関係団体というのは、それはそうなんじゃないですか。教育というのは「学校教育」「家庭教育」「社会教育」と3種類あり、PTAは学校でも家庭でもないから「社会教育」ということになります。組織として教育をしているもので、学校じゃないものは、全部社会教育。塾もカラオケ教室も英会話教室も、社会教育なんです。

――区分するならそうでしょうが、なぜ「PTAは社会教育関係団体だ」と、PTAの外から定義できるんでしょう? ただの任意団体なのに。

社会教育関係団体であるかどうかは「自分たちが何を目的にしているか」によるでしょうね。自分たちが「社会教育している団体です」と名乗っていたら、社会教育関係団体なのではないでしょうか。他の人が「あなたのところは社会教育関係団体だ」とか「そうではない」などという話ではないでしょう。

――そうですよね。それなら納得です。

ＰＴＡは、自分たちのことを社会教育関係団体だと名乗っていますよね。保護者対象の研修などもやっていますし。だったら社会教育関係団体になるのでは。

――うーん。たとえば、ＰＴＡの全国組織を名乗る日本ＰＴＡ全国協議会は「ＰＴＡは社会教育関係団体だ」と言っていますが、全国に何万とあるＰＴＡや、その会員である保護者や教職員は、全国組織の存在も、社会教育関係団体という語もほぼ知りません。活動内容もそれぞれ異なるので、全部がそうとは限らないのでは？

なるほど。ではやはり自分たちが何と名乗るかによって決まるのではないですか。

私も「教育を盛り上げる会」という会を熊本で開催していますが、それが社会教育関係団体かどうかは、私たちが何を目的にしているかによりますからね。もし「みんなで盛り上がって遊びたいだけです」というなら、それは社会教育関係団体じゃないでしょうし。

――そもそも、なぜＰＴＡは社会教育関係団体と言われる必要があったんでしょう？　塾もカラオケ教室も「社会教育関係団体です」と言わないのに、なぜＰＴＡだけそれを言われるのか。学校施設の使用許可を出すためですか？

「何か役に立ちますよ」というアピールをしないといけないからではないですか。

保護者の方に対して「ＰＴＡに入れば、いいことがありますよ」というアピールとして、「学びになりますよ」と言う。

あとは、世の中に対しても「社会教育、生涯学習の場なんです」といってアピールするためではないですかね。でも別にうそをついているわけでもなんでもない。なぜあえて言わなきゃいけないのかと言うなら、たぶんそれは「自分たちはこういうことで役に立っているんだ」ということで、存在意義を説明している、ということじゃないかと思います。

……想像で補います。つまり塾やカラオケ教室は「社会教育」を言わなくても人が集まるけれど、ＰＴＡはそうではないから「社会教育」を言う、ということでしょうか。でも、動画や読み物、民間団体など、学べる場が世にあふれるいま、「社会教育」がＰＴＡのアピールになるとは正直、思えません。もしこれからもＰＴＡを存続させようと思うなら、別のアピールポイントが必要でしょう。
どちらかというと、学校などでの特別扱いを正当化するため、ある種ＰＴＡを権威付けるワードとして「社会教育関係団体」が強調されてきた気がするのですが。

ちなみに私は「家族は形ではない」ということを広くアピールするため「定形外

かぞく」という活動をしています。これは社会教育関係団体の定義にあてはまると思いますが、「われわれは社会教育関係団体です」と言いたいとはとくに感じません。ＰＴＡのように文科省や教育委員会から「社会教育関係団体」と呼ばれるのでなく、ただ自称したところで、メリットが何もないからです。

もうひとつ、先ほどお話にあった「ＰＴＡやＰ連は学校や行政に要望するためにこそ使えるのでは」という考えについても、ちょっとつけ加えます。こういった意見はときどき聞きますし、私もある程度は同意するのですが。

ただ実際のところ、ＰＴＡもＰ連も学校や行政の顔色を見るばかりで、要望はあまりしておらず、またたまに見かけても、一部の保護者の意見を「保護者みんなの声」として掲げ、後で揉めるケースもまあまあ見かけるので、むずかしいなと感じることが少なくありません。

最近はＰＴＡやＰ連とは関係なく、保護者が有志で署名を集めて行政などに要望を行う例も増えており、そのほうが身軽に動きやすそうにも見えます。

でももちろん、いろんなやり方があっていいのです。ＰＴＡやＰ連もそれこそ権威を活かして要望したっていいのでしょう。ただ、その権威を他の保護者を泣かせる方向に使うなら、要望も存続もする必要はありません。

Column

坂本秀夫著『増補版　ＰＴＡの研究　親の教育権を見直す』
三一書房、1994年（旧版は1988年）

本書まえがきに「保護者と学校の関係を根本から考えるような本がない」と書きましたが、実はその後、この本を見つけました。今から30年ほど前に出版されたもので、日本の学校で親たちやＰＴＡがいかに無力な状況に置かれているか、「旧西ドイツ」の保護者や学校の状況を引きつつ明らかにしたものです。

著者・坂本さんの問題意識や見立てには共感する点がたくさんあるのですが（全く異なる点もありますが）、この方が元教員（高校教諭）というのにはちょっと驚きました。こんなにも親、保護者の権利を考えてくれたのが学校の先生だったとは、ありがたいことです。立場は違っても「保護者と先生の両方にとっていい関係」を考えていけば、自ずと似た結論にいたるのでしょうか。

この本に書かれた保護者や学校の状況が、令和になってもそう変わらないのは残念なことですが、おかげで（？）いまも十分参考になります。興味のある方は図書館や古本屋さんで探していただければと思います。

PART 4

そして再び
保護者からみた
学校とのカンケイ

不登校の保護者の会をPTAで「ただ話をする」を一番大切にしている理由

齋藤いづみさん・福嶋尚子さん

ＰＡＲＴ３までは、私がふだんあまり取材しない「保護者以外」の人たちにお話を聞かせてもらってきました。

元校長や教育長、ＣＳマイスター、研究者といった方々から見た「保護者と学校の関係」は、どれもハッとさせられるものでしたが、やはり私はいち保護者。「保護者にとって必要な学校との関係」をもっと考えたい気持ちも再び募ってきました。

ただ実際、これまで見聞きしてきたＰＴＡ活動で「こういうのが保護者と学校の関係にとってはだいじだよね」と紹介したくなるようなものはあまりない、というのも正直なところ。「あったらあったでいいよね」とは思うものの、それほど優先順位は高くないと言いますか。「やったほうがいいこと、やったら喜ばれることって、本当はもっとほかにいろいろあるんじゃないの？」と、思えてならなかったのです。

そんななか、ぼんやりと気になっていたある話を思い出しました。以前取材させてもらった教育行政学者の福嶋尚子さん（千葉工業大学准教授）は、千葉県習志野市立第七中学校ＰＴＡで役員をしており、そのＰＴＡでは「学校に行けない子どもの保護者が集まっておしゃべりする会（通称「れんげの会」）を開いている」と聞いていたのです。

保護者同士がつながりをもてる場は、もっとあっていいと思うのです。学校行事のお手伝いや広報紙の作成などといったおなじみのＰＴＡ活動でも、保護者同士が知り合うことはできますが、あくまで「作業」（お手伝い）がメインなので、「必ず来てください」→「パートを休んで泣く泣く参加」みたいなことが起こりがちです。

齋藤　いづみ
（さいとう　いづみ）

３人の子どもたちの幼稚園から高校まで、比較的前向きにPTA活動に参加。中学校ではPTA会長を４年間務め、強制のない主体的な活動を基軸としたPTA改革を牽引。

福嶋　尚子
（ふくしま　しょうこ）

千葉工業大学准教授。専門は教育行政学。習志野市立第七中学校PTAで2019～2021年度の3年間、役員を務める。不登校当事者・不登校保護者の経験から、子どもの権利保障を視点にした公立の学校の在り方について研究・発信をしている。共著に『隠れ教育費』（太郎次郎社エディタス）。

それは違うと思うのですよ。

その点、尚子さんに聞いた「れんげの会」は〝おしゃべりそのもの〟を目的としているところが、なんだかよさそうです。

なお、七中PTAは数年前に改革を行って強制をやめており、いまや入会も活動も任意です。だから、こういった義務的でない活動が可能なのかもしれません。

ではさて、「れんげの会」はどんな経緯で生まれたのでしょうか? 元PTA会長の齋藤いづみさんと、ともに活動してきた福嶋尚子さんに、聞かせてもらいました。

（2022年3月取材）

特別支援教室からの笑い声に「いいな」

――「れんげの会」は、どんなふうに始まったんですか?

齋藤　5年ほど前、中学校に入ったのを機に、下の子が学校に行けなくなりました。当時、私はPTA会長2年目で、学校に行く機会が多く、校長先生とお話することもよくあって。

そのとき、わが子は学校に行けていないながらも、私が学校で先生や役員の皆さんと話をできるって、すごく大事なことだなと感じたんですね。最初は私もいろいろと葛藤があったんですけれど、夏休みぐらいには「行きたくないならいいよ」という感じで腹をくくれた。それはやっぱり、いろんな人と話せたからというのが大きいな、と感じていて。

あるとき、PTA室に行こうと思ったら、手前にある特別支援学級の教室から、すごく楽しそうな笑い声が聞こえてきたんです。「何かな?」と思ったら、保護者会（学校が主催）をされていたんですね。それを知って「こうやって**同じような不安や悩みを持っている保護者の方たちが集まるのって、いいな**」と思って。

うちの学校には、学校に行けていない子や、教室に入れない子がいつでも来ていい「おおとりルーム」という教室があるんです。そこでも、同じ悩みを持つ保護者が集まれるような場を持てたらいいなと思いついて、校長先生に「こういう会をやってみたい」って直談判しました。

私が「れんげの会」の話を聞いて「いいな」と思ったように、齋藤さんも特別支援教室から聞こえてくる笑い声を聞いて「いいな」と思い、「れんげの会」を始めたのでした。今この話を読んでいる人のなかにも「いいな、こういうのやって

みたい」と思った方は、きっといるのでは。そうやって自然に広がるものが、ホンモノなのかもしれません。

齋藤　ただ、すぐにはＯＫをもらえなかったんです。不登校の生徒の情報を、どうやって会と学校で共有するか、といったデリケートな問題もあって。でも働きかけを続けていたら、そのときの校長先生が本当に理解ある先生で「やってみましょう」と言ってくれました。

それでＰＴＡでその会を主催することにしたんですが、私たちＰＴＡ役員は「どのご家庭のお子さんが不登校であるか」を知る術がありません。だから参加者を集めるときは、知り合いのつてをたどったり、ＰＴＡのお便りに掲載したり。あとは担任の先生から不登校のご家庭の保護者に声をかけてもらって。その保護者がそういった場を求めていらっしゃるかどうかというのは、先生が一番よくご存知なので。

福嶋　ちなみに、いまはＰＴＡのメールシステムがあるので、一人ひとりに呼びかけなくても、来たい人が来られるようになっています。サークル活動のように「こういう会をやっていますよ、関心のある人は連絡ください」と言って、待っているだけでいい。

齋藤　そうやって月1回のペースで会を始めて、最初の参加者は数名でした。「おおとりルーム」にいらっしゃる相談員の先生にも参加いただいて、スタートした形です。

まずは「保護者同士のおしゃべり」の場として

――「れんげの会」、中身はどんなものですか?

齋藤　始めるにあたっては、問題を解決する場ではなく、ホントに「ただ話すだけの会」にしたいなと思いました。ただただ、参加者の思いを共有する場にしようと。

学校にクレームを言うような場になってもお互いによくないな、と思っていましたし、また、**おうちにずっと子どもがいるという状態で、そばにいる保護者が元気であることは大事**だな、とも思っていたので。ちょっと外に出ておしゃべりをして、「よし」って元気になっておうちに帰ってもらえるのが大事かなと。

校長先生や教頭先生も、お時間がある時は同席してくださっていました。そうすると、相談員の先生もそうなんですけれど、先生方が「**不登校の子どもたちが、おうちでどんなふうに過ごしているのか、親御さんたちがどんなふうに思っているの**

かを知れるのは、とても貴重な機会だ」とおっしゃってくれて。それはPTAで、学校という場でやっているところのよさかな、と思いました。

「れんげの会」を始めるにあたり、齋藤さんは「保護者同士のおしゃべり」という目的を最も重視し、先生との情報共有はその次に位置づけたのでした。PTAはよく、P（保護者）同士のつながりをすっとばして（ときには強制役員決めで保護者の関係を蹴散らして）「PとT（先生）のアソシエーション」（≒お手伝いや「寄付」）に励みがちですが、考えてみれば不自然な気が。それだから保護者が泣くようなことが起きてしまうのかもしれません。

――PTAを取材していると「子どもが不登校なのにPTA役員を押しつけられて困った」という声もよく聞く一方、子どもが不登校だからあえてPTA役員をしている、という方も意外と多い印象です。七中P.TAの役員さんは、不登校のお子さんがいる方が多いですか？

齋藤　最初の年は、私ともう一人いました。翌年以降は、本部役員の中に「れんげの会」担当を一人設けるようになりました。会のとき、ファシリテーターのように

「自己紹介からしましょうか」みたいな司会をする役です。

福嶋　「れんげの会」担当の本部役員は、いま4代目になります。いまの方は、前から「れんげの会」に出ていた方が「れんげの会」担当として本部役員になった形です。来年度もその方が担当をやってくれることになっています。

齋藤　その方もそうですが、「子どもが不登校だけれど、自分（親）がPTAを通して横のつながりを積極的に持っておきたい」という方、役員のなかにけっこう増えてきましたね。

福嶋　親だけでも学校とつながっておきたい、それが親自身の気持ちの安定につながっている、というのでPTA本部役員を続けている人は、案外いるかな、という気がします。私は役員になってみたら子どもが不登校になったので、結果的に当事者になりました。

公民館での開催はPTAの枠を超える試み

――こういうPTA活動は初めて聞きました。おもしろいですね。

齋藤　夏休みに学校を出て、公民館で会を開催したこともあります。そのときは、市内のほかの学校に通っている保護者の人たちにも声をかけ、全部で20人ほど参加いただいて。とてもいい会になりました。週末に公民館でやるときは、たまにお父さんも参加してくれます。

いま七中PTAでは、地域の人が活動に参加できる「準会員」という枠があるので、卒業した人も「れんげの会」にかかわってくれて、縦のつながりもあります。そうすると、卒業した子がその後どういうふうに進学して、どういう進路を歩まれたかという、ちょっと先のことを聞かせてもらえるんですね。

やっぱり不登校の何が心配って「先がどうなるかがわからないところ」だと思うので。「今このとき」もむずかしいですけれど、「このままで将来、大丈夫なんだろうか」というところ。だから「この先、こういう道もあるし、こういう学校もある」といったお話を聞けるのは、とても有意義だなと思いました。

これからも年に何回かでも、不登校の先輩保護者や、できたら子ども本人にも来てもらって、お話をうかがう機会ができるといいなと思っています。実際にもう大学生の息子さんを連れてきてくださった方もいて、参加者からは質問の嵐だったみたいです。

聞くほどに、うらやましい。子どもが登校している保護者だって「ほかの親はどうしているのか聞いてみたい」と思うことはありますから、不登校の子をもつ保護者に限らず、こういった会を開催してもいいのでは。いまはＺｏｏｍなどを使い、オンラインで話し合うことだって簡単です。オンラインの会合は学校に集まるのと比べ、父親の参加が増える傾向があるとも聞きます。

――学校の外で活動したり、卒業生も参加したりと、フレキシブルですね。

福嶋　「れんげの会」は、ＰＴＡの枠を越えられたきっかけでもありますね。**公民館でやったのは、ＰＴＡとして会をやることの限界を超えようとした一つの試みでもありました。**

学校のなかでやる場合、校長先生としては、ほかの学校の保護者をお招きすることにちょっと抵抗があったんですね。それぞれの学校の先生方の立場からすると、「うちの学校の子の親が、わざわざ他校の会に行っている」というふうに、よく思わない方もいらっしゃるかもしれないので。だから学校の外でならどうだろう、と。

あとは学校では平日の昼間しかできないので、休日の昼間にやる機会をつくろう、というのもあって、公民館でやりました。そうしたら、お母さんだけでなくお父さんも、ご夫婦でいらっしゃった方もいて。
齋藤　あのときはたぶん、うちの校長先生から、他校の校長先生に一言声をかけてもらったんです。「いいな、七中」となるのを、やっぱり心配されていたので。いまはもう、そこまでしていませんけれど。

われわれはこれまで何となく「PTAは一つの学校ごとに、現役の保護者が、校区内で活動するもの」と思いこんできましたが、別に他校の保護者や教職員といっしょに活動してもいいし、卒業した子の保護者が加わってもいいし、学校外で活動したっていいわけです。七中PTAは「れんげの会」で、思い込みの枠をかるがると飛び越えたのでした。

PTAまたは学校という場でやる意味

——NPOや地域のサークルが主催する「不登校の保護者の会」も、各地にあります。あえて、PTAでやる意味は何でしょうか?
齋藤　もちろん各地で開かれている交流会もいいんですけれど。私は、そういうのに「行ってみようかな」とまでは思わなかったんですよね。この近くで、学校とかコミュニティのなかで、「ちょっと共有しようよ」という思いが強かったのかなと思います。

福嶋　そう、気軽に行ける、というのが「れんげの会」のいいところですよね。私はどちらにも行ったことがありますが、それぞれメリット・デメリットはあります。

ＰＴＡでやるほうのデメリットは、学校施設を使用するので、コロナ禍になってからは本当に開催できなくなっちゃったところ。だから今年度（２０２１年度）はオンラインを含めて5回しか開催できていません。

ＰＴＡ（保護者）主導でなく、支援員の先生など、学校側が不登校の保護者の会を開いている例もちらほら聞くことがありますが、それもメリット・デメリットがありますね。

齋藤　学校が開く会と、ＰＴＡ（保護者）主導の会では、参加しやすさのハードルが違うかもしれない。いま仕事先で上の人が勉強会を招集するんですが、なかなか集まらなくて。横のつながりで「ちょっと集まろうよ」というのは集まるんですけれど、同じ内容の会でも、上から「この日、来てください」というのは集まらない。それと似ている？

福嶋　ＰＴＡ主導の「れんげの会」は、「サークル活動感」を出せたのがいいところかもしれません。ただ、逆に「学校のなかでやる会だと行きづらい、話しづらい」という人もいるので、そういう人は各地の不登校保護者の会に出向くこともあるでしょう。

　たまたまうちの学校ではＰＴＡが主導して、ちょうどよくハマったんですよね。ＰＴＡの方向性と、個別の保護者のニーズが。だから、別にＰＴＡでやるのがベストだとは思わないですけれど、ＰＴＡの意義の一つにはなり得るかな、とは思います。

齋藤　あとは「れんげの会」が終わった後、部屋を出たところで、同じ学年のお母さん同士、連絡先を交換されている姿を見たりしたときも、ＰＴＡや学校でやることの意義を感じました。

聞けば納得で、学校を会場にできるのはたしかに利点が多そうです。小・中学校はだいたい家の近くにあるので、保護者にとって足を運びやすいですし、同じ学校の保護者同士ならとくに、関心ごとや必要な情報が共通します。また学校施設を使う場合、保護者が一からサークルをつくるより、すでにあるＰＴＡを通したほうが話が早いのも事実でしょう。

聞いてもらえるかよりも「言いやすさ」が大きい

――「れんげの会」、先生が同席してくれるのは、やっぱりいいですか？

齋藤　子どもたちって、学校で見せる顔と家で見せる顔と、全然違うじゃないですか。だから先生方が子どもの「家での顔」をちょっと知っていると、学校に来たときの接し方も違ってきますよね。

福嶋　だから、学校への不満を言う場にはしたくなかったですけれど、「うちの子、これはこの間嫌がっていました」みたいなことは、けっこう率直に伝えていましたよね。

　たとえば、以前うちの子が先生に「ちょっと顔見せて」と言われて、制服を着ずに、でもがんばって登校したとき、ある教職員の方が「学校に来る時は制服かジャージじゃないと駄目なんだよ」と声をかけてしまったみたいで。その話を「れんげの会」で何度かしたんですけれど、先生たちもそういうのを聞くと「あ、なるほど。そこはちょっと気をつけますね」というふうに、ほかの教職員の方たちにも伝えてくれたりする。

　そういうのもメリットですよね。**率直な声を伝えやすいので、結果、学校の対応**

をちょっと変えられる、という部分はありました。

齋藤　うちの子もけっこう、制服がダメだったんですけれど、「れんげの会」で話していたら、「あ、そうなんですね」と校長先生や教頭先生がわかってくださって。

福嶋　体操着のごわごわ感やハーフパンツのひらひら感がダメな子もいますね。あの感触がすごく嫌でどうしても着られない。そういうのも「れんげの会」で話すと、私たちも「そういうこともあるんだ」って驚くし、先生たちも「ああ、それが嫌だったんだね」と知ることができる。そういうことってやっぱり、言われないと気づかないですよね。

服装って、本人にとってはすごく居心地のよさにかかわる大事なことなんだね、というのは私もすごく「れんげの会」で学びましたし、先生たちもそうだったんだろうと思います。だからコロナ禍の最初の夏、制服やジャージのほか、PTAでつくった「七中Tシャツ」を着てもいいと許可がもらえたのも、コロナ禍に入る前から、そうした認識の下地ができていたからかもしれません。

齋藤　卒業式のときもそうでした。体育館でなく教室で、時間も別にやってもらったんですけれど、「すみません、先生、私服しか着られないです」と伝えて。そうしたら「いいですよ、来られるなら何を着ていても」と言ってもらえたので、よかったです。もしそこで「やっぱり卒業式だけは制服を……」なんて言われていたら、別室の卒業式ですら行けなかったかもしれない。

福嶋　うちも先日卒業しましたけれど、同じでした。だからもう、そういうところは本当にゆるくなりました。それはすごく心地いい雰囲気ですよね。校長先生が替わっても、いまのところきちんと続いている。それは本当に「れんげの会」がつくった財産が、いまも残っているところだと思います。

とても必要な、意義ある情報共有ではないでしょうか。子どもが教育を受ける権利を守れるかどうかに直結する話です。いまの学校の先生たちはあまりに忙しくて「そんな話を聞く余裕はない」と思うかもしれませんが、本当は順序が逆なのでは。保護者とこういった情報共有ができるように教職員の仕事を減らすことこそ、必須だろうにと感じます。

――そういう「うちの子はこれが苦手で」といった話は、個々では学校に聞いてもらえないですか？「れんげの会」みたいなところで言わないと、スルーされてしまう？

福嶋　**聞いてもらえるか、というより「言いやすさ」が先にありますね。**保護者同士のおしゃべりのなかで、「そういえば、この間さ……」と言うのと、先生に「すみません、この間うちの子が言ってたんですけど」って個別に話をしに行くのでは、保護者の側からするとハードルの高さが全然違うんですよね。

齋藤　言える人は言えるけれど……。

福嶋　そう、言えない人のほうが多い。不登校の親は「ただでさえ学校に迷惑かけているのに」と思ってしまいがちなので、**個別に言うのは、それこそちょっとクレームを言う感じになってしまうから、なかなかできないところがあって。**「れんげの会」だと、「そういえばうちの子もそうだった」みたいな形で、誰かのエピソードに引っ張られて、自然といろいろ出てきて、「あ、そういうパターンもあるんだね」となっていく。

おお、なるほど。学校に伝えることは「おまけ」だからこそ、保護者の側も言いやすいわけです。そもそも保護者同士で話せる機会がなければ「うちだけかも」と思って、それぞれ胸に秘めていたことも、おしゃべりをすれば「うちだけじゃない」とわかり、「それなら学校にも知ってもらおう」と思えます。結果、先生も対

応しやすくなるのでしょう。

福嶋　あとはたぶん、**校長先生や教頭先生のほうに「そういう話を聞きに来ている」という気持ち**があったのも、大きいかもしれません。耳の痛い話も出てくるかもしれないけれど、黙って聞きに来て、「あ、なるほど、○○君はこうなんですね」とか相づちを打ってくれる。その意味で、先生たちが土壌をつくってきてくれたところもあるんでしょうね。

齋藤　私も「れんげの会」で、適応教室で困ったことがあったのを話したことがあって。そうしたら、校長先生が（適応教室に）伝えてくださったんですよね。

――**保護者も先生も、身構えないで参加できるところがいいんですね。**

福嶋　悩ましいところもあります。たとえば、先生が会の初めにあいさつをしてくれるんですが、「学校に行っている子どもの保護者向け」の話が多くて。「何年生は校外学習に無事行けまして、何々をしまして」「最近、○○部は××大会に進んで」とか。参加者は基本的に学校に行っていない子の保護者なので、そういう話を聞きたくない人もいるんですけれど、それは言いづらい。

齋藤　それは卒業した私から校長先生に言いましょうか。「よかれ」と思ってやっていることが裏目に出ていることも意外と多いんですよね。でも、それはたぶん本当に言わないとわからないので。

福嶋　あいさつのことに限らず、「校長先生、教頭先生がいるからちょっと話しづらい」と感じている参加者もいるかもしれないので、最近は途中で退出してもらったりして、なるべく工夫しています。

――メリットとデメリット、両面あるのですね。「れんげの会」を「校長、教頭先生に意見を伝える場にしよう」とは考えないですか？

福嶋　そういう話もときどき出るんですが、それをすると、最初の「ただ話す」という場の意義が失われてしまうんじゃないか、ということで、いまのところ「やめておこう」となっている感じです。みんなちょっと一息つける場を求めて集まっているので、それが「陳情機関」みたいになってしまうと、ちょっと違うかなと。

 それもわかる気が。もしメインの目的を「学校に意見すること」としたら、保護者も先生も互いに身構えそうですし、それ以前に活動を許可しない校長先生が増えるかもしれず？　あえて場を分けたほうがいい面もあるのでしょう。

不登校でなくても「ただ話せる場」があるといい

――「れんげの会」を始めてよかったと思うこと、ほかにもありますか？

齋藤　毎月お互いに、お子さんの心配なことや近況報告などを聞いていると、よそのお子さんなんですけれど、成長しているのを感じられるんです。「あ、これができるようになったんだ！」とか、そういうのはすごくうれしかったですね。ほかのお子さんの話を聞いて、みんなでホント涙している。

福嶋　「この間、校外学習にちょっと行けたんだよね」とか、みんなで拍手して喜ぶ。

――いいですね。不登校に限らず、どの子の保護者にもそういう場があるといいんですが。

齋藤　そうなんです。PTAで「何かいま困っていること、いっしょに話さない？」みたいな場ができるといいなと思っていて。「スマホどうしたらいい？」とか「うち勉強しないんだけど」とか。親のほうも、子どもの思春期と自分の更年期のぶつかり合いみたいな時期で、そんななか、ただ話をするような場ができたらね、って言っていたんですけれど。

福嶋　ずっとやりたいんですけれどね、コロナのせいでずっとできない。でも、もし本当にそれができたら、ＰＴＡの活動って、それだけでもいい。

コロナが終わったら、ＰＴＡ会議室を公民館の部屋やカフェみたいに使えないかっていうことも模索していたんです。この部屋で「今日は2年生ママの会があるよ」とか、「今日は先生も呼んで、こういう会があるよ」とか、そんなふうに自由なおしゃべりの場に使えたら。ＰＴＡという器で、どんどんそこに集まって、しゃべりたい人がしゃべれるようになったら一番いいなと思っているんですけれど。

ただ、最初にそういう会を「やろうよ」って言う人も、まだなかなかいません。いまは「れんげの会」のように、本部役員が主導して「こういう場をやります」と提案して、集まってくれた人のなかから引き継ぐ人が出てくるっていう段階ですね。

齋藤　自発的に「こういうのやりたいね」っていうのが、広がっていくといいね。

そう、そうなのです。最後のパートで齋藤さんと尚子さんが話していたことに、私もとても共感します。保護者同士のおしゃべりの場をもつ――ＰＴＡ、あるいは保護者組織って、本当はそれだけでもいい気がします。

もちろん、学校との情報共有や意見交換までできればさらによいですが、そこはでも相手（校長先生）にその気がないと実現しません。まずは保護者同士が気楽に話をできる場があって、そこからやっと、いろんなことが始まるのでもいいのでは。

これまでのPTAみたいに、バザーや資源回収、ベルマークで学校に〝寄付〟をしたり、学校行事のお手伝いをしたりするのも、やりたければやればいいと思うのですが、決してやりたくない人を巻き込んでまでやることではないでしょう。

保護者はこれまでのようにただひたすら学校に「尽くす」ことばかりを考えるのでなく、「保護者に必要なこと」から考えたほうが、実は子どもにとってもいい気がします。

また、母親ばかりが不登校やPTAなど「子どもや学校まわりのことの担当」になっている状況も、いい加減そろそろ変わってほしいものです。学校関係の集まりに参加していると、だんだん頭が麻痺してきますが、ちっとも当たり前なことではないはず。

お父さんも子どもの親としてお母さん任せを脱する必要がありますし、お母さんたちも「父親が免責されていることは母親も免責されていい」と気づいてほしいな、と感じます。

弱い立場の学校を守ってあげる
保護者と学校の今の関係で何ができるか？

岡田憲治さん（専修大学教授）

さて、本書ラストに登場してもらうのは政治学者の岡田憲治さんです。岡田さんはお子さんが通う小学校で3年間ＰＴＡ会長を務め、このときの経験や思いを『政治学者、ＰＴＡ会長になる』（毎日新聞出版）につづっています。

政治学者としてＰＴＡで自治や民主主義を実践しようとするも現場はままならず、それでも奮闘を続けた岡田さんの姿に、私も共感したものです。

いつかお話を聞いてみたいなと思っていたところ、ちょうどこの本のまとめに取りかかった頃に、共通の知人が間をとりもってくれたのでした。

私が岡田さんに聞いてみたかったのは、主にこの二つです。「保護者と学校には何が必要か」と、「ＰＴＡはなぜ民主主義を学ぶ場と言えるのか」。

一つ目の「保護者と学校に必要なもの」は本書のテーマなので説明を省くとして。

二つ目は少し説明が必要でしょう。まず「ＰＴＡは民主主義を学ぶ場だ」ということは、よく言われてきました。そもそもＧＨＱが日本にＰＴＡを持ち込んだのは、大人たちに民主主義を学ばせるためだったと言われているからです（その理念はすばらしかったと私も思います）。

ただ、「なぜ今もＰＴＡが民主主義を学ぶ場だ」と言えるのか？というと、根拠がいまいち思い当たりません。実際、ＰＴＡの現場にいる保護者たちにそんな話をしても、けげんな顔をされるだけでしょう。

現実のＰＴＡはむしろ、民主主義とは対極の要素がふんだんです。本人の意思を確認せずに保護者や教職員を会員扱いし、保護者、母親たちに役員の「仕事」を押

岡田　憲治

（おかだ　けんじ）

専修大学法学部教授。専攻は政治学。ＰＴＡ会長を３年間務めた経験を『政治学者、ＰＴＡ会長になる』（毎日新聞出版）にて著す。現在、本務以外に公立小学校学校運営委員、認定NPO「プレーパークせたがや」で世話人などを務める。広島カープを愛する２児の父。

しつけ、形ばかりの選考委員会で会長や本部役員を決めてしまう。これのどこが民主的と言えるのか。

でも一方で、岡田さんがＰＴＡで取り組んできたことや、私が好んで取材を続けてきたＰＴＡ改革は、それはまさに民主主義の実践だと思えます。つらい思いをする人が出ないようにするため、長年の慣習や意見の相違を乗り越え、新たな仕組みを模索する試みは困難ながら、尊いものです（だから好きなんです）。

そんなあれこれをひっくるめて、なぜ「ＰＴＡは民主主義を学ぶ場」だと言えるのか。政治学者の岡田さんならうまく言葉にしてくれるのではと思い、お話を聞かせてもらったのでした。

（２０２３年８月取材）

「弱い立場」に置かれた日本の学校

――『政治学者、ＰＴＡ会長になる』には、保護者と学校の関係に必要なものについて、たくさんヒントがありました。岡田さんはお子さんが小学校に入り、半世紀ぶりに学校に足を踏み入れたとき「よそよそしい」と感じたそうですね。

要するに学校が全然開かれていない、ということですよね。学校がものすごくディフェンシブになっている。

ただ、**学校ってすごく弱い立場**なんですね。僕はまだ子どもが小学校に通っている現役の保護者で、もうPTA会長ではなくなったんだけど、学校運営委員をやっています。そういう立場からすると、それがよく見えるんです。

しかも話が複雑なのは、自治体ごとにそれぞれ、教育委員会、教員、保護者などアクターの力関係が全然違うんですよ。私が住んでいる東京都世田谷区なんか、学校長が徹底的に弱者なんです。地方のほうにいくとまた違ったりするんだけれど。

先生たちはクレームがひどくなったり、学級崩壊が起こったりすると、うつ病になる人もいて、教員が足りなくなる。副校長や、場合によると校長も授業をやらないと追いつかなくなっている。**学校を開いちゃうと人的に対応できないから、ディフェンシブにならざるを得ない**側面があるわけです。

それから「学校外への上手なメッセージの出し方」を先生たちが訓練されていないから、という面もあります。

たとえば小学校に子どもが入学すると、まだ右も左もわからない保護者にどさっと書類を渡して「読んで記入しておいてください」「名前書いといてください」ってやる。保護者たちは「何も言ってくれない」「もうちょっと説明してくれれば」って不満が鬱積する。でもそれを修正する余力もアイデアもないんです。

そこがPTAも含め、保護者と学校の関係で見直すべきところだったんですね。もっと話したり、コミュニケーションをとったりすれば、わかり合えるのに。

――そんな学校の状況を見かねて、コロナのときは新入生の保護者の声をＰＴＡで拾って、岡田さんがまとめて校長先生に届けてあげたのですね。

このままじゃ学校の先生たちが潰れちゃうと思ったからです。とくにコロナのときは、保護者もいろんな不安やイライラがあったので、いったんPTAを通して、上手に翻訳して校長に伝えた。「こういうところは皆さん、すごく不安だと思いますよ。対応しましょう。僕たちも校長を助けるから」って。

昔は「学校が上、保護者が教えを請う」みたいな関係でしたよね。それも時代的に仕方がなかったとして、じゃあ今どうしようと思っても、「学校と家庭がどういうふうに関係をつくるか」というロールモデルがないわけです。日本の学校関係者って、人間を「上から見るか」「下から見るか」のどちらかとなりがちで、「対等な人間関係」という心の習慣が希薄な人も多いのです。

保護者にも当てはまることかもしれません。私も「保護者と学校がもっと対

等だったらいいのに」と思いながら、「だって何しろ学校なんだから、保護者よりも学校が先に変化しなきゃダメでしょ」と考えがちです。だから学校は、社会は、なかなか変わらないのでしょう。誰かが動くのをみんなが待っている限り、いつになっても変化は起きないわけで、先に動くのは保護者であってもいいのです。

――コロナのパンデミック中は、保護者の「しゃべり場」や、新入生保護者へのサポートをＰＴＡが提供したとのこと。こういう活動は、ふだんからあるといいですね。

そうなんです。だから「ＰＴＡ ｆｏｒ Ｗｈａｔ？」で、何のためのＰＴＡか考え続けなきゃいけないんです。**ＰＴＡに一個だけ義務があるとしたら、それは「何のためのＰＴＡ？」って、いつも考え続けることです。**

でも「何のために、この組織があるのか？」って考えるのが、日本人は一番苦手なんですよね。自分の意思で組織にステップインするのでなく、「元からある、ちゃんとした既存の組織のなかに初めから自分は包まれている」という意識が日本人の「所属」意識だからです。**個人と組織の関係が「抱え込み」から始まるから「自分がここにいる理由」を自覚的に考えて行動する発想が希薄**なんです。だから「任意」の意味も身体化していない。

「でもしょうがないじゃん。ここにいるんだから、ここをやり過ごそう」となる人が大半で、主体的に「私が選んだから、ここに私がいる」と考える人間を育てていない。親も子どもも、そこはいっしょです。でも、表面的にはみんな「親切で礼儀正しくて控えめな、いい日本人」なんですよ。そこに思いがいたれば、現状では先生たちにこれ以上のことを求めても無理だとわかる。

だから最初の話とつながりますが、保護者と学校の関係において一番大事なのは、「学校は弱く萎縮した、重労働を強いられている人たちの場」だと思って、できる人が地域と連携して学校を守ってあげることです。**学校はクレームの窓口じゃないし、陳情する相手でもない**んです。独自の判断ができなくなっているからです。

PTAで「何のため?」を問い続けることは、苫野さんもくり返し強調していました。日本人はそれをするのがなぜ苦手なのかという、岡田さんの解説に納得です。また「学校は弱者」「学校はクレームの窓口じゃないし、陳情する相手でもない」という指摘は、泰子さんが語った「文句でなく意見を」「学校はみんなでつくるもの」という話ともつながります。学校が間違えることもあるわけですが、そのときはただ突撃するのではなく、横に並び、ともに前に進む意識が必要というこ

とでしょう。

――学校のことがある程度わからないと「学校が弱者だ」ということも保護者にはわかりません。そこで岡田さんは「先生たち、大変なんだよ」と噂を流してあげたんですね。

初めて会長になったときの副校長が、ものすごいストレスを抱えていたんです。見ていてかわいそうでね、目がうつろなんですよ。

そこへまたＰＴＡの役員さんたちが、細々したことをいちいちお尋ねにいくんです。さすがに副校長が音を上げて「すみません、僕は1週間に判断しなきゃいけないことが何百件もあるんです。お尋ねや質問はパッケージにしてお願いします」って絞り出すような声で言った。あれは心の叫びだったなぁ。

それを聞いて僕はママたちに「自分で判断できることは自分で判断しよう。『勝手なことをして！』って言われたら、全部、僕のせいにしていいから」って言いました。

とくに学校の状況が不透明になって、学校による対応が苦しくなったのは、やっぱりコロナのときですね。あらゆることが初めてで、マニュアルに書いていないことばかり。子どもや地域を守るということから逆算して、腹をくって自由に決断できるような人間を、たくさんは育てていないから。個別の力に委ねるしかないから、運任せになる。

だからやっぱり**「学校と保護者の今の関係で何かできるか？」と考えることが大事**と思います。本当は教育システム全体を変えないといけないけど、明治から150年やってきたことだから、10年20年じゃ変えられない。

「そこに問題がある」というメッセージを出しつつ、「いまある条件のなかで、皆さんの持っている力をどうしたら最大に引き出せるか」という工夫を、大人同士で考えようよ、というふうにやるしかないんですね。

なぜ「PTAは民主主義を学ぶ場」と言える？

——PTAはなぜ民主主義を学ぶ場だと言えるんでしょう。PTAの現場で「民主主義」などと口にしても上滑りしちゃいますよね。

問題は「その本質を、ともに生きる人間と、どういう形で共有できるか」です。そこを考えるべきだと思います。

ＰＴＡの現場で「民主主義」とか「自治」って言った瞬間に、心の扉が閉まります。「え、私たちそんなむずかしいことやってたわけ？」と。基本的に「民主主義」や「自治」という言葉は神棚にあって、僕たちの身体と生活の言語になっていませんから。

民主主義を学ぶというのは、その言葉や意味を脳内に記憶して答案にきれいに書き写すようなことではない。民主主義というのは民主的に生きるってことなんだ、というふうに身体化する思想になっていなければ、それは神棚から降りてこないと僕は思っています。

だから逆に「何が目的で、僕たちは民主主義のような合意形成のやり方を成熟させていかなきゃいけないのか？」というふうな問題の立て方をするわけです。

そのとき「民主主義」という言葉も「自治」という言葉も使わずに、和文和訳するんです。「われわれの生活言語で言い換えたらどうなるか」ということを、常に考えざるを得ないのです。ＰＴＡという生活の延長にある現場では。

――通じる言葉に言い換えることも大切だと思うのですが。その手前で、なぜ《ＰＴＡが》民主的な場と言えるのかなと？

「あなたが民主主義を失いたくないかどうか」だけですよ。どこかにお手本があるんじゃなくて、大塚さんが、あなたがそれを失いたくないなら、多くの人間とそれを共有できるように、あなた自身の言葉で言い換えて、それをいっしょにやろうと。

人間は、一人ひとりは小さくて弱いし、判断を間違えることもある。だから必ず誰かと協働＝コオペレーションしないと、やっていけない。その協働というものを、なんとかガタピシいいながら、百点満点中の65点でもいいからやっていくためには、どういう意見の集約と、合意形成をするかってことを、いっしょに工夫しましょうよ、と。それを民主主義と呼ぶ人は呼べばいいんです。

つまり、原理原則のカタイ言葉が最初にあるんじゃなくて、大塚さん自身が、そして僕自身が、皆さんが、小さくて弱い人間として地域で生きていかなきゃいけないなかで「何を一番失いたくないか」ということを考えればいいと思うんですよ。「一番失いたくないこれを守るために、こうしませんか」っていう順番で、批判や説教じゃなくて「提案」する。僕たちは守りたいものが同じだね、って。

そこでもし民主主義っていう言葉が邪魔になるんだったら、その言葉は使わないでいい。問われているのは「大塚さんはそれを失いたくないのですか？」ということです。

――「私が民主的に生きたいと思っている」というのが先ですね。確かにそうです。

ただ、なぜそれがＰＴＡなのか？

ＰＴＡは、そのステージの一つに過ぎませんよ。大塚さんが、民主主義とＰＴＡを結びつけたくないなら、別にＰＴＡじゃなくたっていいでしょ？　でもＰＴＡっていうのは、民主主義を考えるためのスイッチがいっぱい隠れているところだから、そこに着目するなら、両者は結びつくわけです。

僕にとって、ＰＴＡは「自分が世界でどう生きたいか」を実現するためのメインステージではない。上手に助け合うための大人の訓練、トレーニングの場であり、自分の弱さと小ささを学ぶための場です。だから僕はそれを「大人のはらっぱ」と呼んでいるんです。

この間まではＰＴＡ会長だったから、ＰＴＡが私の「大人のはらっぱ」だったけど、それはＰＴＡじゃなくてもいいんですよ。僕はいまＮＰＯで、あるプレーパークの世話人をしていて、でもそれはボランティアだし、僕の人生のメインステージではない。未熟で世界のことを知らない僕が、また一つ経験を積み重ねるための「大人のはらっぱ」なんです。

――なるほど。ＰＴＡじゃなくてもいいんだけれど、ＰＴＡはたまたまみんなの身近にあるから、民主的に生きたい人にとっては、ちょうどいい練習場になるよって

ことですね。

ＰＴＡで起こることは、僕たちが他者とかかわるなかで必ず起こることなので、それをどうやって解決するか、向き合っていくか、ということを大人は知恵をもって工夫する必要がある。そのプロセスを僕は「自治」とか「民主主義」と言っているのです。

そのうえで「ＰＴＡというステージを何か特別な場だと思ってしまう人がなぜこんなに多くいるんだろう?」と問うことは大事ですよね。以前エッセイで書いたことがあるんですが、それはみんなが**ＰＴＡを「学校の一部」だとぼんやりと考えているから**です。

「学校」と考えた瞬間にスイッチが入っちゃう。いろんなことを、のびのびとできている人たちがすでにこんなにたくさんいるのに、学校がかかわると急にカチって縮こまって、不自由な発想、不寛容な態度、目的を忘れた義務意識に、引きずりまわされてしまう。

ＰＴＡは「大人のはらっぱ」という側面をもっているけれど、そこで起きる問題を突き詰めると、自治の足を引っ張るものとして「学校的なるもの」が立ちはだかってきます。これは根深いです。１５０年遡らねばならない問題ですから。

岡田さんのお話を聞くまで、私は「ＰＴＡが民主主義を学ぶ場である理由が何かあるに違いない」と、どこか思い込んでいたようです。

でも本当はそうではなく、最初に私が「民主的に生きる必要があるよね」と思っていて、その実践の場としてＰＴＡというか、正確にいうと「ＰＴＡ改革」があった。だから私は取材を続けてきた、ということだったのでしょう。なるほど、だいぶすっきりしました。

この私の思い込みも、最後に岡田さんが指摘したような、ある種の「学校マジック」だったのかもしれません。私にもまだ、ＰＴＡを学校の一部のように錯覚し、特別視するところが残っていたのかもしれず、まだまだだね、と反省です。

そんな道半ば感でいっぱいなのに、でも、ああ。これでついに、最後の旅が終わってしまいました！

Column

坂内智之　柚木ミサト著　木村真三監修『放射線になんか、まけないぞ！』
太郎次郎社エディタス、2012年

唐突ですが、これは私がPTAの取材を始める前に、編集者として手がけていた本です。

2011年３月、東日本大震災に伴い原発事故が発生して間もなく、子どもたち自身に正しい放射線の知識を届けようとリーフレットをつくった大人たちがいました。福島県郡山市の公立小学校の先生、ばんちゃんこと坂内智之さんと、岐阜県に住むイラストレーター・柚木ミサトさんです。これを見て「本にしたい」と出版社に持ち込んだのが私でした。

だいぶ後から気づいたのですが、このリーフレットや本こそＰとＴのみごとなアソシエートだったな、と思うのです。母親である柚木さんは、ばんちゃんがつくったテキスト版リーフレットをSNSで見かけ「イラストをつけたい」と名乗り出たのでした。誰かに強制などされなくても、子どものために必要があれば自ずと協働は起きるのです。

ちなみに、この本をつくった後「次はミンシュシュギの本をつくりたい」などと話していたとき、私の前に立ち現れたのが「PTA（改革）」というテーマだったのでした。

PART 5

さあ、どうすればいいのか これからの保護者と学校

旅を終えるのは不安でした。いまさらながら「保護者と学校の関係」なんて、ちょっと大きすぎるテーマです。自分で設定したものの、そう簡単に答えを出せるわけもなく、なかなかふんぎりがつかなかったのですが。

でも、ここまでのインタビューを改めて読み返すと、見えてきたことはたくさんあったなとも感じます。連載時の私のコメントを読んでも、いまとはひっかかるポイントが違ったりするので、私のものの見方や考え方も、それなりに深まってはいるのでしょう。お話を聞かせてくれたみなさまのおかげです。

腹をくくり、現時点での考えをまとめてみます。

「何かやる」前に「何が必要か」から考える

保護者と学校の関係に必要なこと。「それを考えること」こそがまさに、保護者と学校にとって一番必要なことではないか、というのがいまの私の結論です。

……って、当たり前のことしか言っていないようですが、でも何しろ、いままではそこが欠けていたわけです。「何が必要か」を考えることなく、ただひたすら前年どおりをくり返してきたのが、これまでのよくあるPTAであり、保護者と学校の関係でした。

必要なことを考えるところからスタートだよね、という話は、本書でいろんな方が口にしていました。

> いまの時代の学校のPTAの役割ってなんやろう？　そもそもPTA要るか？って。これははっきり言うて、要りません。そう言うたらあかんのかな。でも過去の悪しき慣習を引きずったPTAは、要らんのです。**今、学校にとって必要な保護者の仕事は何やろうなって**、そこから考え始めたらいいんちゃう？（泰子さん、29頁）

> **PTAはもともとこういうことから始まりました、みたいな定義はどこかにあると思うんですけれど、それって今、あんまり意味はない**んですよ。おそらく答えはないですから。（略）**PTAもやっぱり、話し合って決めていくしかない**と思

うんです。（住田先生、63頁）

われわれはどうもすぐ「どんな活動をやろうか」「どういう組織をつくろうか」といったことばかり考えがちです。でも本当はもっとその手前で、「この社会で子どもたちがよりよく育っていくために、教職員と保護者が何をしたらいいか、いっしょに考え、探る」ことこそが、保護者と学校が本来やるべきことなのでしょう。

「議論をする」というのが、わかりにくいんですよね。私たちもそうでしたけれど、一番わかりやすいのは活動をすること。だから、どうしても何かやりたくなっちゃうんです。「話し合ったら、やってみよ」みたいな。（四柳さん、117頁）

PART2で四柳さんがこんな話をしてくれましたが、本当にそうだなと思います。この国に住むわれわれは、議論や踏み込んだ話し合いがいつまでも苦手で、どうもつい「みんなで何かやること」に走ってしまいます。

でもたぶんそれだから、PTAや学校は「前年どおりの活動」をくり返してしまうのです。「何かやる」の前に「何が必要か」を考えることが癖になれば、「前年どおり」からも自然と離れやすくなるのでしょう。

「何が必要かを考える」というのは、PART3で苫野さんや、PART4で岡田さんが強調した「『何のため？』を考える」というお話とも重なります。

常に「何のため？　何のため？」っていう問いを、手放さなければいい。（中略）前例踏襲で動いていることが多い学校みたいな組織は、要所要所で「何のため」を考えていくことが、本当に大事です。（苫野さん、161頁）

だから「PTA for What？」（略）**PTAに一個だけ義務があるとしたら、それは「何のためのPTA？」って、いつも考え続けることです。**（岡田さん、209頁）

最初は別に、こんなことを意識する必要はないのでしょう。そもそも何か目的があって組織をつくり、活動を始めるので「何のため」をみんながわかっているから。でもそれが何年も、何十年も続いていくうちに、メンバーが入れ替わり、当初の目的が忘れられ、そうすると組織の維持や活動のくり返しが目的化してしまうことに。
そのときには「何が必要か」「何のためか」を問うことで、またゼロから考えられるようになる、というわけです。常に目的を忘れずにいられればベストなんですけれどね。

まずは「保護者同士のつながり」の場をもつ

もう少し具体的なところでは、保護者と学校だけでなく、保護者同士のコミュニケーションをメインとした場や仕組みをもつ、ということも必要じゃないかと感じます。これまでのPTAのように、「学校のお手伝いをすると、パパ友やママ友ができるかもしれませんよ」というのではなく、保護者同士のつながりそのものを目的とした場をもっともったらいいと思うのです。

たとえば、PART4で紹介した「れんげの会」（不登校の親の会）。学校に通えない子をもつ親たちが、日々の不安や悩みを共有できる場としてスタートし、そこに相談員の先生や校長、教頭先生も参加することで、保護者と学校がともに話し、考える場になっていました。

始めるにあたっては、問題を解決する場ではなく、ホントに「ただ話すだけの会」にしたいなと思いました。ただただ、参加者の思いを共有する場にしようと。（中略）校長先生や教頭先生も、お時間がある時は同席してくださっていました。そうすると、相談員の先生もそうなんですけれど、先生方が**「不登校の子どもたちが、おうちでどんなふうに過ごしているのか、親御さんたちがどんなふうに思っているのかを知れるのは、とても貴重な機会だ」**とおっしゃってくれて。（齋藤さん、187頁）

こんなふうに、まずは「保護者同士が思いを共有する」ところから始めるのがよさそうな。最初から「教職員と保護者で話そう！」といっても、保護者同士も初対面では、なかなかつっこんだ話までできないでしょう。それに現状は先生たちが忙しすぎて、保護者と話す時間をとるのも厳しいかもしれません。

まずは保護者同士で話す場を設けて、保護者と教職員の対話はその次の段階で考える、というのでもいいんじゃないでしょうか。

保護者のつながりは学校を動かす力にもなる

保護者同士がつながることは、保護者がもっと学校運営に関与できるようにするためにも、必要なことと思います。

ＰＡＲＴ３でリヒテルズさんが話してくれた、欧州のような保護者のポジションを目指すのは、日本ではちとまだハードルが高そうですが、「保護者は子どもの権利を保護する者」だと気づいてみると、保護者の権限がほぼ皆無な日本の現状は、やはり問題だと感じます。

もちろんめったにないことではありますが、指導死、教員による性加害、体罰など、学校で子どもが被害を受けることは、残念ながら現実にあります。そんなとき、加害した教員を現場から退かせるために声をあげられるのは保護者くらいしかいないでしょう。

そうして声をあげて、学校を動かすためには「保護者同士がつながる必要がある」、という点を指摘してくれたのが、ＰＡＲＴ３に登場した熊本市教育長の遠藤さんでした。

他の保護者の人たちにいかに問題意識をもってもらうかが大事なのでは。私なら、一人で言うのではなく、「仲間をどうつくるか」というところから考えます。**個人的な利益のために言っているわけでなく、この学校をよくするために、みんながそう思っている、という構図**にいかにして持ち込むか。（遠藤さん、175頁）

保護者が学校に意見・要望する際、賛同者が多いほど話が通りやすくなるのは確かなこと。PTAなど何かしらの団体を通してまとまった声が届くのでも、個々の保護者からバラバラに声が届くのでも、いずれにせよ同じような声が複数届けば、学校も要望を受け入れやすくはなるはずです。

学校のことではありませんが、多くの保護者の声が可視化され、事態を動かした例が最近もありました。2023年、埼玉県で子どもに留守番させることなどを禁じるおかしな条例案が出た際、県内で子育て中の母親や、さいたま市PTA協議会がそれぞれ反対の署名を集め、廃案に追い込むのに一役買ったのです。

保護者にこういった行動が求められる場面は、学校においても、本当はいろいろあるでしょう。たとえば「教室や体育館などへのエアコン設置」「給食費の無償化」「校舎の断熱改修」「学校予算の増額」など、大方の保護者は賛成することでは。こういった内容なら、「勝手な要望をするな」と他の保護者から苦情を受けることも、たぶんないのでは。

でも現状、こういったことで声をあげるPTAやP連は、ごくわずかしか聞きません。たとえば署名サイト「Change.org」では、学校におけるエアコン設置などについて保護者や生徒の有志が賛同を呼びかけているのを見かけます。

なんでPTAやP連がそういう要望をあげられないのかな、と思うのですが。逆に言うと、そういうことが今後もできないのだとしたら、PTAやP連はホントになくてもいいんじゃないかな、という気もするのですが。

なお、PART2に登場した岸さんは、用務員さんの失職に抗議したのがPTAにかかわった最初のきっかけだと話していました。PTAや保護者による学校人事への口出しや要望は、長い間学校現場でタブー視されてきましたが、そろそろこの辺りも、変わっていいのではないでしょうか。

「PTA＝学校のお手伝い」ではない！

一方、これまでPTAの最大ミッションのように思われてきた、保護者による学校へのお手伝いや「寄付」は、決して両者の関係のメイン、本質ではなく、あくまでオプションだということも、本書を通して確認できたかと思います。

お手伝いは地域学校協働活動でもできますし、校長先生が直接保護者に協力を呼びかけることも可能ですから、必ずしもPTAでやらなくてもいいということ。「寄付」も法的にいろいろ問題があることが知られるようになり、徐々に見直しが進んでいます。

学校から頼むことなんか何もないもん。（ほんとうに何にもないんですか？）何かあるか？　学校からPTAに何頼む？（えっと、卒業式や運動会のときの、来賓へのお茶出しとか……。）お茶出さんといたらええねん。（泰子さん、27頁）

PTAってお手伝い機関じゃないんです。杉並も昔は、PTAが校門前の見張りから集金までやってくれていたけれど、もうそんなものはありません。**PTAがなくても学校経営はできる**んです。（井出さん、93頁）

PTAは「**いままでもやってきたから、やめられない**」ってことを続けるから苦

しいのであって、そんなものは、やめりゃいいじゃない。たとえば朝、校門の前にPTAに立ってもらう、なんてことは杉並ではないですよ。区が専門のガードマンを雇ってますから。PTAに学校の運営を手伝ってもらわなきゃならないようなものは、PTAがやりたくてやっているものは別にすれば、何もない。ゼロです。なぜかっていうと、「学校支援本部」があるから。（井出さん、91頁）

PART1では元校長の泰子さんが、PART2では元校長&教育長の井出さんが、PTAはお手伝いのためのものではないことを明言してくれて、ほっとしました。べつに「元校長先生が言うからそうなのだ」というわけではないのですが（それも危うい考え方です）、でもやはり元校長の発言だからこそ「PTA＝学校のお手伝い」が、ある種ただの習慣であり、われわれの思い込みであることが、はっきりしたように思います。

といっても、一般の校長先生がこういう認識をもってくれていることは、おそらくそう多くはないでしょう。まだ「PTAは保護者がお手伝いや『寄付』をする団体だ」と思っている校長は多いので、保護者が「希望者がいない場合は、お手伝いや『寄付』はしない」というスタンスを貫くのは、それなりに勇気が要るかもしれません。

でもそんな場面こそ、われわれ保護者のふんばりどころとも考えられます。「わが子の評価に響くのでは」「モンぺと思われるのでは」などと気にして、学校におもねることしか言わないなら、それこそ「保護者」の名がすたるのでは。

「保護者」には言わねばならないこともある

取材を終え、しみじみ思い返した言葉があります。以前、学校に行けない子どものこと（不登校）について、泰子さんに取材した際に聞いたことです。

本書のＰＡＲＴ１でも話していたように、このときも泰子さんは「学校をつくるため、親も学校に足を運ぼう」と言っていたのですが、それに対して私が「でも校長先生は、親が学校に来るのを嫌がりますよね？（だからむずかしいですよ）」と返したところ、泰子さんはちょっと憤慨したように、こんなことを言いました。

学校が嫌がるからやめるなんて、親の主体性として間違ってる。学校に気に入られる大人になんねやったら、子どもも学校に気に入られる子どもに変えろってこと。子どもは主体的に「行かない選択」をしているのに、親が学校に気に入られたいために何も言わないなんて、親のほうが失格や。

聞いたときは正直、「うっ、厳しいことを。確かにそうかもしれないけれど、校長先生が嫌がることを保護者がやるなんて、現実にはやっぱりムリでは……」と思ったのですが。

でも、いまになってみて、この言葉が沁みます。

「保護者は子どもの権利を保護する者」と意識すれば、校長の顔色をうかがって口をつぐむのは、まさに「保護者失格」なのかもしれません。先生にどう思われようが、ときには言わなければならないこともあるということ。「保護者道《ほごしゃどう》」とでもいいましょうか。

まあ私がこんなことを言えるのも、子どもが大きくなり学校を離れ、「人質」を取られていない立場になったから、とも考えられますが……。

CSなど他団体の存在も前提に考える

もうひとつ、CS（コミュニティスクール／学校運営協議会）と地域学校協働活動については、こんなふうに考えています。

PART2にさんざん書いたとおり、私は現状のCSにはひっかかる点が山ほどあるのですが、それでも当面はこの仕組みを改善しつつ、「うまく使っていく」ことを考えるしかないのかな、とは思うのです。いまある選択肢のなかでは、それがベストなのかなと。

学校運営に保護者等の声を取り入れる足がかりは、CSでいちおうはできたわけです。PTA、もしくは何らかの保護者の団体が今後も存続するなら、CSや地域学校協働活動の存在を前提に、目的や活動を考え直すことは必須でしょう。

保護者と学校のコミュニケーションは今後、学校運営協議会でいくらかはカバーされると考えられるので（度合いはCSによって異なるにせよ）、そうするとPTAなどの団体は「保護者同士のコミュニケーション」をメインにしてもいいかもしれません。

学校のお手伝いは、PTAから地域学校協働活動に軸足を移してもいいのでは。

そのほうが、参加できる人の幅も広がります。
ただし、誰がお手伝いをするにせよ、「望まない人を巻き込まない」ようにすることは言うまでもありません。

なお最近は、CSや地域学校協働活動など行政が主導するものとは別で、保護者や地域住民が個々の学校を超え、学校まわりの活動や団体を立ち上げるケースも見かけます。

たとえば兵庫県川西市では、4つの小・中学校で立ち上げられた保護者グループ「ココスクール」が、PTAに代わって活動を始めています。

これまでのPTAのやり方に縛られ、何でも学校ごとにやろうとしなくてもいいと思うのです。複数の学校にまたがったほうがやりやすいこともあるでしょう。PART4で紹介した「れんげの会」も、学区を越えて活動していました。

今後はそうやって、もっといろいろと自由な形で「保護者と学校に必要な関係」を実現していけるといいんじゃないでしょうか。

PTAでもPTAでなくても必要なことをできればいい

で、結局「PTA」はなくすべきか？　残すべきか？　といいますと。

そこはどっちでもいいんじゃないのかな、とやっぱり思います。以前からそう思っていたので、そこは変わらなかったということですが。

要は「保護者と学校に必要なこと」さえ実現できれば、方法や器はなんだっていいわけです。私はどちらかといえば、PTAという名前や団体をいったんやめて、必要に応じて新しい活動や団体をつくったほうが、嫌な思いをする保護者が出づらいんじゃないかと思うのですが、もし「PTA」のままでもみんなハッピーにやれるなら、それはそれでいいでしょう。

たとえば、最近知った千葉県のあるPTAなど、いい例です。児童数300人くらいの中規模校ですが、会員は校長＋保護者4名の全5名。保護者の加入率はなんと「2％弱」ですが、とくに問題はなさそうです。今年度は「体操服リサイクル」の活動のみをしているとのこと。いわゆる「学校のお手伝い」については、「今後は地域学校協働活動の枠組みでやっていきたい」と会長さんは話していました。

こうなるともう、いわゆるPTA問題――本人の意思を無視して保護者や教職員を加入させたり、お金をとったり活動させたりする——も完全に解消されていますから、ＰＴＡのままでも何ら問題はなさそうです。保護者と学校に必要な関係は、このＰＴＡをベースに探っていけばいいでしょう。

要は、「保護者と学校に必要なこと」を実現していくうえで、もしＰＴＡが使えるなら使えばいいし、別の団体をつくってもいいということ。あるいは団体をつくらず、有志で活動するのもありでしょう。やり方は何通りもあるんだと思います。

いま私に言えることは、これくらいでしょうか。

あとはそれぞれの学校で「みんなが自分で考えること」だと思うのです。各々の学校や地域で、みんなで話し合うなり、アンケートをとるなりして、何をどうするかを見つけてもらえたら。

もちろん、ここに書いた私の「結論」に沿わなくたって全然かまわないのです。この本のインタビューにこたえてくれた方たちのお話に、たくさんのヒントが詰まっていたと思います。参考にしつつ、自分の学校や地域の「保護者と学校の関係」を、自由に探っていってもらえたら。そう願っています。

あとがき

「こういう本を書いてみたいんです」と、『教職研修』編集長の岡本さんに相談メールを送ったのが、5年前の春のこと。

当時、PTAの取材を始めて6年ほど経っていましたが、保護者ばかり取材していてもどうも埒が明かない。保護者と学校の話なんだから、校長先生など学校側の話も聞かないと、進むべき方向は見えてこないんじゃないか。そんな思いがありました。

でも、取材がむずかしいなー。どんなルートで、どんな相手に取材すればいいかもわからない。どうしよう。そうだ、管理職の先生向けの専門誌をつくっている岡本さんに相談してみよう、と思いついた私。岡本さんは以前、PTA会長としてあれこれ苦労されてもいるので、学校側と保護者双方の視点をもっています。きっと力を貸してもらえると思ったのです。

ありがたいことに岡本さんは案の定、私の案をおもしろがってくれました。そしてまずは誌面での連載が決まり、取材すべき素敵なみなさまを、次々と紹介してくれたのでした。

連載期間は2020年4月～2023年3月と、まさにコロナの3年間でした。

学校行事もPTA活動も「これまでどおり」ができなくなったこの時期に「保護者と学校の関係をゼロから考える」という当連載を始められたのは、いま思えばとてもよいタイミングだったかもしれません。

連載は、2つの媒体で行いました。まずインタビュー原稿をWeb（現・ヤフーニュース エキスパート）に掲載し、これをコラムとして書き改めたものを『教職研修』に掲載したのです（本書はこれら両方の連載をベースに改稿）。

緊急事態宣言が出るなど、誰もが外出しづらい時期だったこともあり、Webの記事は多くの方に読んでもらうことができました。PTAの見直しをある程度後押しできたのではないかと自負しています（なお、Webの掲載はすでに終了しています）。

言い訳も少々。執筆中によく悩んだのが「敬語」の度合いについてでした。お話を聞かせてもらったのは元校長や教育長、大学の先生等々でしたから、「常識」的には敬語を使いまくりたくなりました。でも、原稿はできるだけ対等な目線で書きたかったので、あえて敬語は控えめにすることに。

本書を読んで「この著者は敬語がなっとらん」と思った方もいるかもしれませんが、その点お許しください。

末筆ながら、本書の制作・販売にかかわってくれたすべての方、そして本書を手に取り読んでくださったすべてのみなさま、本当にどうもありがとうございました。取材にお付き合いくださったみなさまにも感謝しきれません。紙幅の都合で書籍への収録を泣く泣く見送ったお話も含め、私のなかで本当に大きな糧になりました。岡本さん、書籍の編集に入ってくださった桜田さんにも、深く感謝申し上げます。どうか、保護者と学校の関係がよりよいものになりますよう。それはもちろん、結果として子どもたちに還元されるはずのものです。

そしてやっぱり、ＰＴＡのことでつらい思いをする保護者が早くいなくなることを願います。

[著者紹介]

大塚 玲子　おおつか れいこ

ライター。主なテーマは「PTAなど、保護者と学校の関係」と「いろんな形の家族」。著書は『さよなら、理不尽PTA!』(辰巳出版)、『ルポ 定形外家族』(SB新書)、『PTAをけっこうラクにたのしくする本』『オトナ婚です、わたしたち』(太郎次郎社エディタス)など。共著は『子どもの人権をまもるために』(晶文社)ほか。定形外かぞく(家族のダイバーシティ)代表。1971年生まれ、千葉県在住。ohjimsho.com

PTAでもPTAでなくてもいいんだけど、
保護者と学校がこれから何をしたらいいか考えた

2024年4月1日　初版発行

著　者…………………大塚 玲子
発行者…………………福山 孝弘
編集担当………………岡本 淳之・桜田 雅美
発行所…………………株式会社教育開発研究所
〒113-0033　東京都文京区本郷2-15-13
TEL：03-3815-7041／FAX：03-3816-2488
https://www.kyouiku-kaihatu.co.jp
装幀デザイン…………長沼 直子
カバーイラスト………ミヤタチカ
デザイン＆ＤＴＰ…しとふデザイン（shi to fu design）
印刷所…………………中央精版印刷株式会社

ISBN 978-4-86560-589-1